U0514711

Study on the Construction of Flipped Classroom Model
in College Physical Education

高校体育教学
翻转课堂模式构建研究

黄铁英 ◎ 著

中国财经出版传媒集团

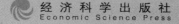

经济科学出版社
Economic Science Press

图书在版编目（CIP）数据

高校体育教学翻转课堂模式构建研究／黄铁英著
. —北京：经济科学出版社，2022.7
ISBN 978 - 7 - 5218 - 3845 - 9

Ⅰ. ①高…　Ⅱ. ①黄…　Ⅲ. ①体育教学 - 教学研究 -
高等学校　Ⅳ. ①G807.4

中国版本图书馆 CIP 数据核字（2022）第 120828 号

责任编辑：朱明静
责任校对：王肖楠
责任印制：王世伟

高校体育教学翻转课堂模式构建研究

黄铁英　著

经济科学出版社出版、发行　新华书店经销
社址：北京市海淀区阜成路甲 28 号　邮编：100142
编辑部电话：010 - 88191441　发行部电话：010 - 88191522
网址：www. esp. com. cn
电子邮箱：esp@ esp. com. cn
天猫网店：经济科学出版社旗舰店
网址：http://jjkxcbs. tmall. com
北京季蜂印刷有限公司印装
710×1000　16 开　12.75 印张　200000 字
2022 年 9 月第 1 版　2022 年 9 月第 1 次印刷
ISBN 978 - 7 - 5218 - 3845 - 9　定价：65.00 元
（图书出现印装问题，本社负责调换。电话：010 - 88191510）
（版权所有　侵权必究　打击盗版　举报热线：010 - 88191661
QQ：2242791300　营销中心电话：010 - 88191537
电子邮箱：dbts@ esp. com. cn）

前　言

　　伴随着大学体育教学改革的不断深化，原有的教学模式已不能适应现代体育教育发展的需要和社会对人才的需求。改革与创新教学模式是现代教学中的首要环节，在我国高校体育教学中占有重要地位。体育学科的新教学模式应适应现代社会发展的需要，既要有技术动作演示，又要有理论知识讲解。在信息技术不断发展的背景下，高校想要建立新的体育教学模式，就必须引入翻转课堂的教学模式。通过计算机等技术手段，改变原有的学习环境，让学生可以在课前、课后自主观看教学录像，完成对课后知识的消化与理解。实际上，高校体育教学翻转课堂模式构建，为学生提供了更大的学习、发挥和想象的空间，也为现代体育教学开辟了新的途径。

　　本书在全球翻转课堂发展热潮的背景下，分析体育教学的数字化发展与实际环境的结合点，为翻转课堂在体育教学中的实施提供参考。全书在内容安排上共设置六章。第一章以大学体育与学生健康发展为切入点，基于高校体育教学目标、教学模式、教学内容、教学评价的革新探索高校体育教学理念革新。第二章论述翻转课堂教学模式的实施理论与教学设计，主要包括翻转课堂的界定、翻转课堂教学模式的理论依据、翻转课堂教学实施与评价、翻转教学学习任务单和学案的设计。第三章研究高校公共体育教学的翻转课堂模式构建，内容涉及高校公共体育教学实施翻转课堂的理论支撑、高校公共体育教学引入翻转课堂模式的价值、高校公共体育教学翻转课堂模式的问题与建议。第四章到第六章围绕传统体育教学、体育球类运动教学、体育舞蹈教学三个方面探讨不同体育项目翻转课堂模式构建。

本书通过理论与实践相结合的方式，借助通俗易懂的语言、系统明了的结构、全面丰富的知识点，对体育教学翻转课堂模式进行研究，充分体现出本书的科学性、系统性、全面性、时代性、实用性等显著特点，以期对体育教学有所帮助。

本书的撰写得到了许多专家学者的指导和帮助，在此表示诚挚的谢意。由于笔者水平有限，加之时间仓促，书中有不尽如人意之处在所难免，欢迎各位积极批评指正，笔者会在日后进行修改，以飨读者。

黄铁英

2020 年 10 月

目　录

第一章 高校体育教学理念革新

体育教学活动的实现需要依托诸多要素的共同参与。与体育相关的教学体系非常庞大复杂，由多种不同的下属组成，众多下属中的任一要素出现问题，都将会对整个教育体系产生一定影响。本章以大学体育与学生健康发展为切入点，探讨高校体育教学目标、教学模式、教学内容以及教学评价的革新。

第一节 大学体育与学生健康发展

一、大学体育的基础知识

体育在整个大学教育过程中具有不可替代性，大学体育是学校教育的重要组成部分，同时又具有体育的属性和功能，是促进学生全面发展的重要手段。

大学体育属于教育学和体育学下的学科层次，所以体育和教育有相同的属性。一方面，学校教育的构成包括大学体育，因此二者的目标是相同的；另一方面，体育中也包含大学体育，因此，体育的属性也应被大学体育展现得淋漓尽致，通过基本的身体运动和练习，强健体魄，加强人体机能，让大学生的身心得到更好发展。总的来说，通过基本的身体运动和练习，运用科学的培育方式提高大学生身体机能，让德、智、体、美在人心理和生物潜能不断开发的过程中得到发展，实现身体和心理的健康，就是大学体育的目标，也是教学发展的总目标。

（一）大学体育的重要地位

大学体育的研究是高等教育发展的开端。很多教育实践能够证明培养出身心健康的人才离不开大学体育，它能促进我国体育事业的发展，为大学生活提供了更多方式，更能推动社会文明的进步。我国的社会主义建设、高等教育和体育事业的发展都离不开大学体育。

首先，大学体育是我国培养身心健康全面发展的高级专门人才的重要途径。学校为满足社会发展所需，必须以实现人才的全面发展为己任。"高等院校既有培养高级专门人才的责任，也担负着发展科学技术文化的重大任务"，这是《中共中央关于教育体制改革的决定》提出的重大使命。而这一重大使命要求大学必须实现学生德、智、体、美的全面发展。

社会的发展与科学技术的进步都极大地提高了生产力，这时人类开始关注社会发展需求以及人的素质发展问题。只有培养出身心健康、遵守纪律、有理想、有道德、有文化的各类优秀人才，才能为建设社会主义添砖加瓦，才能满足我国社会经济发展的需求，才能为实现中国特色社会主义而奋斗终身。而这项任务就落在高等教育的肩上，体育既然是高等教育不可分割的一部分，就应当与德、智、美协同发展，对人才培养起到推动作用。

其次，全民健身和终身体育都要以大学体育为基础，其也是推动我国体育事业发展的动力。

全民健身的前提就是学校体育，而提高中华民族体质则是我国体育要实现的基本目标，现在的大学生基本处于 18～22 岁的年龄段，还是会有青春期的特征，身体形态和功能不够完善，并没有完全成熟，缺乏一定的稳定性和平衡性，需要继续发展。因此，体育锻炼是大学生保持身体健康、促进身体发育的良好手段，因此，大学生应提高参与体育锻炼的热情，实现身心健康的全面发展。贯彻"健康第一"教育指导思想，大面积提高大学生健康水平，是我国大学体育教育一项十分紧迫的任务。国家和民族的强弱兴衰与民族素质有着直接关系。而一个民族的强盛会直接通过青少年的体质表现出来。

终身体育也要依靠于学校体育。终身体育包含的范围非常广，其体系中包含众多年龄段的体育，如中老年体育、青少年体育、学龄儿童体育、学龄前儿童体育和婴幼儿体育等。还可按照体育要实现的任务和目标来分类，如社会体育（范围包括成年后至老年）、学校体育（范围包括儿童、少年和青年）、幼儿园体育（范围包括幼儿和儿童）、家庭体育（范围包括婴幼儿）等。大学生所处的年龄段正是锻炼身体的好时期，既要做到全面系统的锻炼，也要做到有计划和有目的的锻炼，在强健身体的同时，也要熟练掌握与体育锻炼相关的技能和知识，具备一定的体育意识，促进身心健康的全面发展。身体在此时的生长和发育与之后的人生有着直接影响。如果身体在青少年时期出现心肺机能差、脊柱侧弯和驼背等情况，那么问题将伴随一生。因此，在终身体育中，大学体育是不可缺少的一环，发挥着承前启后的作用，是实现终身体育的重要内容。

我国体育竞技水平的提高和后备人才的培养都在一定程度上依

赖着大学体育。大学生有着出色的体能和智力，能够为我国竞技体育的发展发挥出应有的作用。大学生在自身发展中具备一定的体育技能和知识，坚持身体锻炼，也是为了实现终身体育，发展我国群众体育而打下良好基础。

最后，社会主义文明的建设与多姿多彩的校园生活都需要大学体育。大学生要在学习生活和课余文化生活中找到平衡，既要严肃紧张，又要轻松活泼，如此才能促进身心健康的全面发展。体育除了有助于发掘智力，还可以起到全面提升学生素质、弘扬社会文化的作用；要纠正大学生的不良行为习惯，崇尚积极向上的健康生活。思想建设和文化建设都需依托于学校体育，会在学校体育的推动下积极向前发展，进而辐射到全社会，从而达到促进社会精神文明发展的作用。

（二）大学体育的目标与任务

我国大学体育教育既要依照体育功能、大学生所处的年龄段，还要符合我国教育事业和现代社会的发展需要，其目标是让大学生具备健康体育的意识，提高体育技能，自觉坚持体育锻炼，增强自身体质。大学体育教育要让大学生有正确的体育观念、良好的行为习惯和思想品格，德、智、体、美、劳全面发展，为发展社会主义事业打下良好的基础。大学体育教育要注重完成以下四个任务。

第一，增强体质、增进健康，是我国大学体育要完成的最重要任务。其既反映了体育具备的最本质功能，也符合当前我国大学生身心健康发展和社会主义建设的需要。大学生处在最具生命活力的青年期，特别注重身心的健康发展，可以在这一时期督促大学生对体育健康的学习，让大学生养成良好的生活习惯，身体健康和心理健康两手抓，鼓励大学生参加各种各样的文化活动，坚持锻炼身体，保证大学生的内脏功能和身体发育良好，不断增强体质，让锻炼更有效果，增加身体抵抗力，具备快速适应环境和参与各种活动的能力。

第二，坚持锻炼身体，学习体育健康知识并掌握相关技能。为保证大学生具备正确的体育意识，充分了解体育健康知识，激发出大学生参与体育锻炼的热情，保证身体健康，就需要大学生不断学习有关体育和健康方面的知识，要科学地参与运动项目的锻炼，熟练掌握其技术，并养成坚持锻炼身体的好习惯。这些可以很好地满足大学生以及当代人身体健康的需要。

第三，培养良好的思想品德、坚定的意志，促进学生个性完善发展。育"体"和育"心"在大学体育中同样重要。要在筹备体育竞赛、开展运动训练活动、安排体育课程等过程中时刻关注对大学生思想和意志的锻炼。鼓励学生积极锻炼身体，早日投身于建设社会主义现代化中；培养大学生具备奋发图强、敢于拼搏、吃苦耐劳、团结友爱的优秀品格；鼓励大学生积极养成健康的行为，具备发现美、表达美、热爱美的能力，让大学生实现更高更好的追求，全面实现大学生在个性方面的发展。

第四，提高运动技术水平，为国家培养体育人才。高校在积极推动群众性体育活动的同时，也应着重培养一些具备专项运动才能、体育运动突出的大学生，科学合理地为他们安排训练活动，让大学生充分发挥体能和智能的长处。要始终遵循体育运动的规则，为大学生传输正确的竞技教育知识，开展科学、系统的训练，让大学生的运动水平得到极大提高。这样不仅可以丰富大学生的课余生活，也有利于开展各类群众体育活动，还可以增加国家竞技运动人才的储备量。

（三）大学体育目标与任务的实现途径

2017 年 3 月修订的《学校体育工作条例》规定，学校体育工作是指普通中小学、农业中学、职业中学、中等专业学校、普通高等学校的体育课教学、课外体育活动、课余体育训练和体育竞赛。这四个方面也是实现我国大学体育目的与任务的基本途径。

1. 体育课程内教学

体育课教学是大学体育的重要组成部分，是实现我国大学体育的目的与任务的主要途径之一。教育部把体育课改为体育与健康课，这为体育课教学工作的正常开展提供了强有力的保证。

开设体育与健康理论课、体育实践课和体育保健课，可以向学生传授体育基础理论知识，提高大学生对体育的认识，树立终身体育的观念；让大学生学习科学锻炼身体的方法，掌握锻炼身体的基本技术，提高大学生的体育文化素养和体育欣赏水平。

2. 课外体育活动

课外体育活动作为大学生体育教育的重要组成部分，在大学体育教育中扮演着重要角色。课外体育活动，能够增强大学生的体质，保障大学生的身体健康。大学生可根据自身身体状况及个人喜好并结合自身的职业发展需要选择适合自己的体育课外活动项目，制定科学合理的锻炼计划，从而促进身心健康发展。

3. 课余体育训练

课余体育训练是学校利用课余时间对有一定体育特长的学生进行体育训练，培养竞技能力，使他们的运动才能得以发展和提高的一个专门化的教育过程，是实现学校体育目标和任务的一项重要措施，也是普及与提高体育运动的一个重要的中间环节。

4. 课余体育竞赛

课余体育竞赛是学校内各种体育运动项目比赛的总称，是以争取优胜为目的，以运动项目或某些身体运动为内容，以学生参与为主体，按照比赛规则的要求，进行个人或集体的体力、智力、心理和技艺的竞争。课余体育竞赛是实现学校体育目的、任务的基本途径之一，是学校体育教学和运动训练的重要方法，也是学校推动师生体育运动广泛开展、增强学生体质和提高运动技术的重要措施。

课余体育竞赛主要有以下两种形式。

（1）群众性体育竞赛。作为体育教育的另一重要形式，群众性体育竞赛一般包括校内和校外两种竞赛方式。前者通常是指校内举办的以班级、年级、院系等为单位的比赛项目，如友谊赛、达标运动会等；后者通常是指派校队运动员代表学校参加的校外体育比赛。无论是哪种方式，都突出了群众性体育竞赛广泛性和多样性的特点。

（2）野外活动。在自然环境中开展的各种活动都称为野外活动。例如，人们常见的水上运动、冰雪运动、空中运动等，这些从活动环境上来看都属于野外活动。各种各样的野外活动在陶冶大学生情操、提升大学生身体素质等方面起到了重要作用，这种作用是一般体育运动所不能替代的。目前野外活动在发达国家体育教育领域已非常流行，在我国也值得借鉴和引用。

二、体育锻炼与大学生体质健康

（一）体育锻炼有助于改变身体成分

从运动生理学角度来观察，组成人体总体重的各个部分（骨骼、骨骼肌、关节、韧带、脂肪等）从功能上可分为两类：去脂体重和脂体重。身体内的脂肪储藏量决定于脂肪细胞的数量及每一个脂肪细胞的体积或容积。研究发现，当人成年后，身体内的脂肪细胞数量处于稳定状态，很难通过节食或运动来改变。所以，他们的体重只能靠体内脂肪体积的减少来控制。

有效的体育锻炼应该实现运动量、运动时间、运动类型等的有机结合。首先，从运动时间来看，短时间的体育锻炼不能有效地降低体脂率，只有坚持长时间、规律性的体育锻炼才能使体脂率下降，这一点运动员就具有很好的示范作用。其次，从运动量来看，通过适当增加力量训练如举重、摔跤等可以有效促进去脂体重的增加，从而使自身脂体重下降。

（二）体育锻炼有助于提高心肺机能

人体的氧运输系统是由呼吸、血液等系统共同运用、相互配合而形成的。通过呼吸系统将氧气吸入体内，氧气在体内与血液中的血红蛋白融合并源源不断送至心脏，之后通过心脏的动力推动使血液到达身体每个组织及器官，从而使生命活动正常进行。

第一，体育锻炼使心脏具有更强的工作能力。体育锻炼能够使心脏具有更强的工作能力，能有效延缓心脏的衰老速度。在运动过程中，心肌细胞会得到充足的养分，其体重、容量都会相应增加。研究表明，运动员的心脏重量和心容积要明显高于普通人，充分证明体育锻炼对于心脏的重要作用。

第二，体育锻炼可以增强心肌的收缩力，增加每搏输出量。体育锻炼使心脏重量、容积增大的同时，也使得心肌收缩力增强，从而使脉搏输出量增多。经常参加体育锻炼的人在安静状态下心率一般较低，较慢的心率为心肌提供了更多休息时间。当人体处于运动状态时，脉搏输出量增加，从而保证有充足的氧气供应。因此，安静状态下的心搏量和心率是衡量心脏功能的重要指标。

第三，体育锻炼可以形成运动性心脏肥大。体育锻炼会形成运动性心脏肥大，不仅体现在运动员身上，还体现在长期坚持锻炼的人身上。但是，这种由于锻炼形成的心肌肥大和病理性的心肌肥大有着本质性差别。

第四，体育锻炼对血管有良好的影响。通常情况下，人体的血管主要包括动脉、静脉、毛细血管三类。经常参加体育锻炼的人血管壁比较有弹性，血液流动较为通畅，血液循环较好。同时，经常参加体育锻炼还可以使身体毛细血管数量增加。

第五，体育锻炼对预防心血管疾病有良好的作用。经常进行体育锻炼可以提高人体的新陈代谢速度，可以有效防止心脑血管疾病的产生。这是因为在运动过程中各种酶的活力提升，血管的弹性增强，血栓等容易堵塞血管的物质不容易形成。同时，在运动过程中，肌肉会因为收缩而释放一系列物质，这些物质有较好的扩张血管作用，从而使得血液循环通畅，身体内环境处于稳定状态。

第六，体育锻炼对呼吸系统有良好的影响。体育锻炼还能很好地促进人体呼吸系统功能的提升。在运动过程中，肌肉受到刺激后会产生二氧化碳，这些物质进入人体后会刺激人体的呼吸中枢。同时，肌肉在运动过程中需要获取更多氧气。一系列刺激作用会促进人体的肺活量增大，使呼吸肌等得到锻炼，从而提升人体呼吸系统功能。

（三）心肺循环系统功能的提高手段和方法

1. 有氧运动

有关研究表明，参加一些有氧运动如游泳、慢跑等能够提高人体心肺功能。当进行有氧运动时，体内的糖分及脂肪会不断进行代谢，从而源源不断地为身体提供氧气。而有氧代谢能力主要与人的心肺功能有关，心肺功能强，有氧运动的能力就会大大提高。经常进行有氧活动，有利于提高心肺循环系统的功能。运动时要注意控制运动时间，一般应不少于 5 分钟。运动强度以心率为测量标准，一般控制在 130 次/分钟为宜。若运动量过大，造成血液供氧不足，便会变成另一种摄取能量的方式——无氧酵解。

2. 无氧运动

人体在缺氧条件下进行的运动，称为无氧运动。因为无氧运动负荷强度大，所以不适合体弱者及初参加运动者。但是对于常运动的人而言，一定强度的无氧运动能够有效提升人体心肺功能。

此外，体育锻炼对呼吸、消化、神经、内分泌及血液系统等均能产生良好的影响，可促进青少年的生长发育；可使中年人保持旺盛的精力，并发挥各器官的正常功能；可使人的体力衰退保持在最小限度内。总而言之，体育锻炼对提高人体体质、增进人体健康有重要意义。

三、体育锻炼与大学生心理健康

长期的体育锻炼对心理健康具有调控、促进作用。大学生应学会通过体育锻炼获得健心效用，以此来保持健康的心理。

（一）大学生心理健康的条件

在现代社会生活中，对于健康的要求标准是兼具健康的体魄、健全的心理以及较强的社会适应力。不同人对心理健康这一概念的认知不同，一般而言，心理健康即指个体充分发挥身体及心理机能，使个体处于良好、积极的状态，从而有力应对各种社会环境及社会问题。

大学生心理健康应当符合以下基本条件。

（1）智力发育正常。智力即指个体能够从事社会活动和认知世界的水平。它是个体认识世界、改造世界的基础和前提。求知欲是智力最直观的体现，一般而言，智力正常的人都表现出一定的求知欲，并在此基础上提升自身其他方面的能力，如记忆力、思维能力等，从而更好地适应社会环境，解决社会问题。

（2）人格完整。人格即指个体心理特征的总和，包括清醒的自我认知，准确的自我定位，以及具有适当的情绪调节能力，积极进取，有强烈的责任感，对生活充满信心和希望。

（3）自我评价正确。大学生的自我评价一般是在人际交往与社会实践中形成的，准确的自我评价是大学生自我认知能力的体现，同时也标志着大学生心理呈健康状态。因此，可以从大学生的自我评价及认知，以及对自身优缺点的态度及预判等角度来衡量心理是否健康。

（4）情绪健康。衡量一个人情绪是否健康一般是从情绪是否稳定和心情是否愉悦两个方面来考虑。良好的情绪是个体参与社会活动的必要条件，它时刻影响着个体的心理状态。如果一个人长期处于情绪异常状态，那么往往会诱发一些心理疾病。因此，情绪健康是衡量大学生心理健康的重要标准，其包括三方面内容：一是经常保持愉悦的情绪；二是善于控制和调节自己的情绪，使情绪一直处于稳定状态；三是情绪往往是由一定的原因引起。

（5）意志健全。意志即指人完成社会活动时内心所作的选择、判断等一系列过程，其一般表现在自觉性、果断性等行为特性上。对于大学生而言，健全的意志十分重要。因为健全的意志能帮助大学生树立高度的自觉性，能引导大学生果断地采取措施去面对生活中存在的困难，能提醒大学生时刻注意自己的言行、有效控制自身情绪，而不至于出现轻率鲁莽、意志薄弱等情况。

（6）和谐的人际关系。和谐的人际关系往往表现为能够用积极、乐观、包容的心态与他人相处。

（7）良好的心理承受能力。良好的心理承受能力即指能在各种场合中都保持良好的心理状态，既包括良好的情绪控制能力，又包括坚毅的品质，还包括准确合理的自我评价。

（8）心理行为符合大学生的年龄特征。大学生身份及社会地位的特殊性使得其心理行为特征应与年龄、身份等相匹配。如果出现偏差，那么则认为该大学生心理是不健康的。

（二）大学生心理发育的主要特点

大学生的认知、情感、意志、个性等主要心理过程和心理特征处在一个动态的调节过程之中，并且由过去的被动性调节逐渐转为主动自我调节。因而该时期的心理变化是一生中最复杂、波动最大的，其特点明显地从以下四个方面呈现出来。

（1）自我意识方面。进入大学之后，大学生的自我评价能力和自我控制能力较中学时代有所提高，但发展水平参差不齐，有的自尊心较强，却不懂得尊重别人；有的能够控制自己，有的却易受情绪波动的影响。不管哪种情况，他们的目的却是一致的，即通过自我认知、自我教育、自我反思等行为来塑造良好的个人形象。

（2）情感方面。与中小学生相比，大学生的情绪波动变小，内心情感也变得相对复杂。受到年龄影响，大学生在处理感情问题时缺少中小学生的单纯、天真，转而表现为内敛、含蓄。此外，他们的感情里还存在敏感、自私等负面心理特征。

（3）意志方面。从高中升入大学，标志着一个青年踏上独立生活和成人社会的路途。由于受到各种社会因素的影响，大学生的自我认知意识越来越强，能对自己的行为进行清晰的规划，这是值得肯定的。但是，大学生的意志仍不坚定，容易产生动摇。具体表现在有些大学生意志力不强，心理承受能力差；有些大学生处理问题时优柔寡断、主次不分等，需要调整及改进。

（4）性格方面。大学生的性格逐渐趋于稳定状态，其在行为习惯、自我认知等方面较中学生相比稳重很多。大学生有自己的想法以及为人处世的能力，能够适应并参与社会生活。虽然有了一系列变化，但是部分大学生的性格发展还未达到成熟阶段，因此需要通过自我教育、自我约束等方式来不断提升自我。

（三）大学生心理发育的影响因素

体育锻炼要达到产生良好心理效应的目的，消除不利影响，应注意以下五个方面。

第一，喜爱体育锻炼并从中获得乐趣，是体育锻炼产生良好心理效应的基础。如果对体育锻炼没有兴趣，那么就很难从中获得乐趣，就不可能产生满足感和良好的情绪体验。

第二，体育锻炼方式应以有氧运动为主，宜采用重复性高与有节律的身体活动，如慢跑、游泳、骑车、跳绳等。

第三，研究表明，不同的运动项目或不同的运动形式所获得的心理效应是不同的，所以避免那些竞争激烈的运动项目，多选择以个人形式进行的项目，这样无论是在运动时间、空间，还是动作节奏方面，都更易于控制，更容易获得良好的情绪体验。

第四，锻炼者应注意运动强度和运动时间。要想获得良好的健心效果，运动强度应以中等为好，即心率控制在最高心率①的 60% ~

---

① 最高心率的计算方法为：最高心率 = 220 - 年龄（次/分钟）。

80%，一次锻炼的持续时间控制在 20~30 分钟。运动强度过大，易产生紧张感和疲劳感；运动强度过小，很可能心理效应尚未出现。运动时间过短，达不到锻炼效果；而运动时间过长，又可能造成厌倦、疲劳，引起不良情绪反应。

第五，体育锻炼应持之以恒。身体练习的系统性越强，体育锻炼所产生的良好心理效应就越明显。

（四）体育锻炼对心理健康的作用体现

体育锻炼对心理健康有着积极的作用。通过体育锻炼，可保持积极的情绪状态，充分发挥自己的潜能，培养自己克服困难、应对挫折的能力。

第一，体育锻炼可以促进智力发展。体育锻炼能很好地促进人体的神经系统机能以及血液循环。长期进行体育锻炼，心肺功能会不断增强，人体新陈代谢速度也会显著提升。这一系列改变，能够使大脑获得更多氧气，而这些氧气就为记忆力及思维力提供了充足的物质保证，从而促进智力的发育。

第二，体育锻炼有助于丰富人的情绪体验。在体育锻炼过程中，人们往往会感受到运动带来的愉悦感，这种愉悦感可以有效减缓人类抑郁、焦虑等负面情绪。长期坚持体育锻炼，能明显提升机体积极心理变量水平，从而能很好地调节人体情绪。而积极乐观的情绪又是心理健康的重要组成部分，因此体育锻炼能促进人的心理健康。

第三，体育锻炼可以完善人格。体育锻炼是身体运动的过程，这一过程往往伴随着各种乐趣和挑战，例如多样的形式、复杂的过程、待定的结果，以及在这一过程中碰到的诸如生理的不良状态、气候环境的变化、动作学习的难度、畏惧心理、疲劳以及运动损伤等各种困难。在解决这些问题、克服这些困难的同时，人们的心理承受能力日趋提升，意志力日趋顽强，乐观的心态日趋树立。

第四，体育锻炼能够确立良好的自我概念。自我概念是个体主观上对自己的身体、思想和感情的整体评价，它是由许许多多的自我认识所组成的，如"我是什么人""我主张什么""我喜欢什么"等。自我概念与身体表象——"头脑中形成的身体图像"和身体自尊——"个体对自己运动能力及身体外貌、身体抵抗力和健康状况的评价"有关。研究表明，人的身体自尊及自信心与肌肉力量密切相关。长期坚持体育运动，可以很好地改变人体的外在形态，使个体对于自我外在形象形成更高层次的认知，从而增强个体自信心。

第五，体育锻炼有利于形成和谐的人际关系。在网络盛行的年代，面对面的社交逐步被网络社交所取代，造成人际关系在一定程度上渐渐疏远。而体育锻炼能有效地打破这一局面，体育锻炼可以让不同层次、不同年龄阶段的人相聚在一起，为其进行良好的人际交往提供机会和平台。这样的社交形式，可以使个体忘却烦恼、痛苦，消除孤独感，同时能有效地促进与他人协作能力的养成。

第六，体育锻炼能助人消除心理疾患。一定强度的体育锻炼能有效治愈人的心理疾病。资料显示，长期坚持体育锻炼能够有效地对抗抑郁症，这是因为运动时身体处于兴奋状态，此时会传输一种自我成就的认知给大脑，从而使大脑产生愉悦感。

四、体育锻炼与社会适应性的联系

社会适应能力是指人适应社会环境的调节能力。它不仅体现在个体对外界环境的适应能力，还体现在个体内部对环境的调节能力。正是因为有了良好的社会适应能力，作为个体的人才能被他人及社会所接受，人际关系才得以开展。

社会适应能力是衡量一个人心理是否健康的重要指标，也是关乎个体人生发展的重要因素。体育锻炼与社会适应性之间存在着紧密联系，具体表现在以下五个方面。

第一，通过体育锻炼，人体能更好地适应外界环境。当身体进行运动时，各个器官及组织会受到一定的外界压力。身体结构、生理机能等为了更好地适应这种压力就会产生一系列的适应性反应。另外，体育锻炼往往要承受外界环境对身体的各种刺激，如冷、热、刮风、下雨等自然因素，这些外界因素在客观上又提高了人体对外界的适应和耐受能力。长期进行体育锻炼，不仅能强壮身体，增进健康，而且身体的各个器官、组织在中枢神经的支配下，承受外界刺激和协调各器官、组织的能力都能得到增强，从而有利于健康，为现代人在紧张繁忙的社会生活中的竞争与生存奠定坚实的健康基础。

第二，体育锻炼能促进社会交往和增进友谊。体育锻炼是一种社会活动，人们在体育运动过程中，不仅能够锻炼身体，而且还可以促进社会交往和增进友谊。体育运动作为校园文化活动的重要组成部分，在大学生的人际交往中扮演着重要角色。参加体育锻炼结交不同性格、不同层次的人，从一定程度上扩大大学生的交际范围，为其从外界获得更多信息提供平台和机会。

第三，体育锻炼能增强规则意识。规则意识是体育运动中最重要的意识，也是运动员必须遵守的原则及底线。尊重规则的前提下，才能确保体育竞赛的公平、公正性。在人类的社会生活中，对于规则意识的遵守更是十分必要。参加体育锻炼能很好地培养当代大学生公平竞争的规则意识。

第四，体育锻炼能提高合作、竞争的意识和能力。竞争和进取意识在体育运动中发挥着重要作用。无论何种体育运动，其都秉承着竞争和进取精神，此种精神也是当代年轻人参与社会活动必备的精神。

第五，体育锻炼能培养意志，增强对挫折的承受能力。体育锻炼中的身体练习能磨炼人的意志，增强自信。进行体育锻炼都必须承受一定的生理负荷与心理负荷，并且在不断克服内在与外在障碍的过程中提升自己。经常参加竞赛类体育运动能更好地磨炼大学生的意志，让大学生在课余时间能充实自身，同时也可以通过此种方式选拔出体育特长生。

第二节 高校体育教学目标的革新

在新课程改革下，体育教育思想也发生了很大的转变，这些转变突出表现在以下六个方面。

第一，深刻贯彻"健康第一"的指导思想。健康安全永远是第一要素，学校要为学生树立健康的指导思想，落实各项体育工作。"健康第一"的指导思想不仅对大学体育教学工作的开展有着重要指导意义，还在整个体育教学改革中起着重要作用。体育教学是为了合理地锻炼身体，选择适合自己的运动方式，从而增强学生的自尊自信，磨炼学生的意志，培养学生的团队合作意识和人际交往能力，提高学生的竞争能力和创新思维，使其能够更快更好地适应社会。现在的体育教育思想是将身体健康、心理健康、适应能力等教学目标与教学内容相结合，彼此之间相互渗透。

第二，重点突出学生学习中的主体地位。学生在体育教学中占据着主体地位。体育新课程标准中明确指出：要以学生为中心，重视使学生占据主体地位。相应的表现形式如下：要重视学生对自主学习、合作学习、探究学习三种学习方式的正确运用，要从各个方面促进学生积极主动地参加学习和训练。要积极创立相关组织团队，从学生的心底激发他们对体育的兴趣，尊重他们的感情体验和个体差异，因材施教，使每一个学生在学习过程中都能获得不错的体验。还要加强对学生的指导，教会他们如何正确高效地学习，重视学生之间的评价和建议。当学生在教学环境中的主体地位得以确立，教育者们才能够帮助学生进行全方面发展。

第三，重视创建良好的教学氛围与和谐的师生关系。体育教学的新思想对情境教学、主题教学、快乐教学等教学方式十分重视，同时也要求师生之间有良好的互动、积极的讨论，让学生更好地融入体育教学中。师生关系在一定程度上影响着学生的学习，融洽的师生关系不仅可以调动学生学习的积极性，还可以使学生更乐于接受教师所教内容。现如今的体育教学，要求教师对每位学生做到足够重视，关心学生，主张民主，积极听取合理的建议，同时也要求每位学生能够尊重教师，积极配合，共同维护课堂秩序。教师与同学之间、同学与同学之间都能够和谐相处，共同进步。

第四，关注学生的运动情感体验。在体育教学中，学生的情感体验也不能忽视。良好的情感体验能够使学生产生浓厚的学习兴趣和学习动力，同时也是学生进行高质量学习的必备条件。现如今的体育教学需要根据学生的心理活动来制定教学方案，最大可能地满足学生的心理体验，以此来提升学生的兴趣和教学的质量。

第五，注重课程资源的开发利用。新课程标准对课程目标非常重视，体育教师要在体育教育指导思想允许的情况下根据学生的身心特点选择适合学生发展的教学内容和教学方法。除此之外，教师还可以开展趣味教学，这些做法都能够明显提高学生的学习效率以及课程的教学质量。

第六，科学进行体育学习评价。任何学科都需要学生客观地评价。多元化的学习评价在体育教学评价中占据着主导地位，这种评价方式能够突出学生之间的自我评价和相互评价，在了解到知识技能和学习态度的同时，也兼顾学生情感体验和合作精神的评价，因此这种评价方式能够明显地提升学生的积极性，提高教学效率。虽然这种评价方式的优势十分明显，但还是存在一些不足。一是学习目标不够明确，在注重每个学生个性化发展的同时，学生的学习目标也变得多种多样，教师们很难统筹兼顾，帮助每个学生实现他们的学习目标。二是忽略运动技能的教学，首先，教材选择得不够合理，学生在学习过程中缺乏教师的指导；其次，学生很难拥有足够的时间来进行运动技能的学习；最后，教学质量的要求不够严格。三是部分教师在运用现代新型教学模式时，只注重外在形式，不深入了解最终的教学成果，因此教学质量大打折扣。四是在资源利用方面，资源整合度不够，部分资源得不到良好运用，甚至少部分资源被浪费。五是部分教师在进行学习评价时，存在言过其实的现象，不利于学生正确认识自己，进而会影响到学生的学习与成长。

体育教师在新课程改革中有了进一步发展空间，广大的体育教师应当把握机会，认清形势，在把握好新课程体育教学指导思想的同时，强化自己的专业知识，积极创新，与时俱进，创造出更多高效的教学方法和教学模式，在提高质量的同时能够保证高效完成教育任务。

第三节　高校体育教学模式的革新

一、体育教学模式改革的侧重点与总体走势

体育教学改革的效果可谓是十分明显，新的教学模式层出不穷，并且也在被不断地采纳。体育教学改革的未来尽管充满着无限可能，但体育教学模式改革还是具有一定的侧重点与总体走势，下面将从两方面进行阐述。

一方面，注重学生能力的培养。伴随着我国科技的飞速发展，社会竞争越来越激烈，社会压力也会随之增大，这对新时代的人们提出了更高要求，尤其是在能力养成方面。由此可以看出，体育教学模式要做出根本上的改变，着重培养学生的运动、学习、交往、创新、合作等各方面的能力，学生才能够更好地适应社会并在社会生活中立足。人们注重学生多方位、全方面地发展，在学生日后的发展和实践中，是否拥有足够的能力成为更多人关注的问题。于是，此种情况下，体育教学模式从以前的注重知识传授逐步改革成如今的重视能力培养，让学生的能力在实践中得到进一步提升并使学生及时作出总结，不断完善自我，使自身得到全面发展。

另一方面，倡导以学生为主体。在传统的教学模式中，教师始终扮演着十分重要的角色并且占主导作用，而学生只是被动地接

受，因此学生的主观能动性无法从根本上得到提升。在以学生为教学中心的基础上，传统的师生关系得到转变，对师生间的地位、作用等进行了调整。"教师主导学生主体论"将成为新的教学观，"教师中心论"被逐步淘汰，教学模式也在新的教学观下发生着翻天覆地的改变。综上所述，改革的总体走势为从学生被动接受教学内容转变到学生主动接受。学生若能主导课堂，不仅对他们主观能动性、学习自主性有很大帮助，还有助于学生学习兴趣的培养。这恰恰与现代人才培养理念相吻合，因此教师为主导学生占主体的教学模式成为体育教学模式改革的主旋律。

二、体育教学模式发展的方向

目前，体育教学模式有以下五个发展方向。

方向一：理论研究的精细化。从体育教学模式的整体发展来看，体育教学理论研究应该得到足够重视，因为理论研究不仅可以在教学实践中起到很好的引导作用，还可以总结教学成果，而且体育教学如果失去体育教学理论的支撑就会显得毫无意义。总的来说，理论研究是体育教学的根本所在，但理论也需要与实践相结合，才能够达到最佳效果。

方向二：教学形式的综合化。传统的体育教学形式较为单一，主要利用课堂完成全部的教学内容。毕竟课堂时间有限，课内很难达到预想的训练效果，若想提升学生的运动技能以及培养学生强身健体的习惯，就必须使体育教学形式趋于综合化，具体来说就是把传统单一的教学模式转变为课内课外一体化的模式。在课内教学中，教师应注重学生新技能的学习，在此基础上对学生的学习情况予以指点；课外需要学生积极配合并自觉完成练习，课内课外不断进行运动技能的练习，对于运动技能的培养十分有利。

就当前情况而言，我国对于课外体育活动的重视程度远没有体育课本身高，直接影响着体育教学的效果。"课内外一体化"教学模式的实施情况不容乐观，导致这一现象的主要原因是大家对于课外体育活动的重视程度还远远不够。尽管一体化的教学模式提出课内与课外均开展教学活动的新思路，但没有给出明确的操作形式，使得它在实际运用中还存在一定问题，进而导致这一新的教学模式未能顺利纳入体育教学模式体系中。但随着理论与实践的不断发展，"课内外一体化"教学模式一定会在教育模式体系中占据一席之地。

方向三：教学目标的情意化。通过不断研究，学者发现对学习活动影响最大的因素有两种，即智力因素与非智力因素。在传统教学活动中，一味强调智力因素而忽略非智力因素的现象普遍存在，但在现代教育中得到了很好的改善并且取得了不错的成效。随着教学模式的不断完善，教学目标不仅仅只停留在增长知识、提升技能等方面，而是将知识教育与心理、品德、价值观教育密切联系在一起。由于人们对于心理学认知的不断提升，学生的情感问题就成为大家关注的焦点，因此需要基于学生情感对其进行独立、创新等方面的培养。以情景式与快乐式体育教学模式为例，通过情景导入、趣味翻转等形式，使学生对学习产生浓厚的兴趣并且激发学生学习的积极性，为学生掌握体育知识不断注入新的活力和情意色彩。

方向四：评价标准的多样化。评价方式与评价标准随教学模式的不同而存在着一定差异。体育教学模式在教育改革中发生了巨大转变，因此较为单一的评价方式已经不能够全方位、多角度地反映教学模式的科学性。此时多元化的评价标准就显得尤为重要，只有评价方式趋于多样化，才能够保证得到更全面、更准确的结果。结果固然重要，但学习和实践过程也同等重要，这正是传统体育教学模式评价所忽略的一点。传统的评价方式很难全方位地反馈学生的学习、情感等方面情况。而现代的评价方式完全摒弃了只注重结果评判的传统评价方式，更加注重学生实践过程评价以及自我评价。

方向五：教学实践的现代化。伴随着我国现代化进程的不断加快以及科教兴国的大力实施，体育教学方式逐步向现代化方向发展，对传统的体育教学方法进行了全面改革并为其增添了现代化的色彩。除了教学方式的革新，先进的技术与产品也对体育教学活动的开展提供了巨大帮助，不仅可以丰富学生的课外生活、增长见识，还可以激发学生的学习兴趣。现在体育教学模式与先进技术相结合已成为大势所趋，因此要重视并使用先进的教学技术与产品。

三、新型体育教学模式的创建与运用

（一）启发式体育教学模式

启发式体育教学模式是在体育教学过程中根据教育目标和教学规律选择和运用教学手段，从而促进学生的积极主动性和独立自主性的教学过程。选择科学合理的体育教学模式应该以能够有效地解决教学过程中出现的问题、提高体育教学质量并能够提高学生的学习积极性为前提来进行。①

---

① 高原. 阳光体育运动背景下的高校体育社团发展研究 ［J］. 职业，2017 (35)：113.

1. 启发式体育教学模式的创建对策

一是对问题情境进行创设。体育教师应该结合体育教材的难点和重点、学生的实际情况等创设问题情境。而且问题情境创设的最终目的是解决学生在学习过程中遇到的实际问题，而且还要不断地提升学生的积极性和好奇心，使其自主地参与到学习思考中，为解决问题和解决疑惑进行积极的思考，为学生学习热情的调动创造条件，才能更加有效地提升学生的逻辑思维能力和实际解决问题的能力。

二是采用直观教学手段。体育教师要不断提高直观教学方式的运用，才能在启发学生的过程中发挥更好的效用，并且要尽量避免过多地运用抽象概念。所谓直观手段，是指通过体育教学的图片、录像以及多媒体显示来提高学生的认识程度和激发学生的兴趣，也就是利用最为直观简单的方式来呈现教学内容。

三是采用多样化的练习手段。体育教师要基于教学任务、教学目的和教学要求来促进和引导学生的锻炼，有必要的话还要运用一些具有启发作用的练习方式和手段来进行辅助教学。当然，体育教师还可以依据教材内容来对各种各样的锻炼手段进行选择，主要目的是提高学生的学习热情，并不断地提升学生的学习效率。

2. 启发式体育教学模式运用的要点分析

一方面，对教材重点与难点有所明确。学生需要把握的关键问题之一就是要掌握体育教材的重点内容，因为这是学生在学习中产生问题和疑惑的地方。对教材重点的把握也是教师展开启发式教学模式的关键所在，教师可以利用各种方法如动作示范、口头叙述等来引起学生对重点内容的关注。还可以利用对重点动作的逼真模仿来达到直观教学的效果，从而让学生更好地掌握动作要领。当然，体育教师还应该关注学生的实际情况和身心发展特征，并根据学生的具体情况选择教学手段，如此才能有效地提升学习效率。

另一方面，对多元评价体系进行科学构建。及时评价学生的学习过程和结果也是具有重要意义的，可以及时反馈其学习效果和问题，有利于激发学生的学习热情和兴趣，并对学习过程进行必要的监督。科学合理地进行评价，对学生积极性和主动性的提升也是很有帮助的。可以通过以下步骤来实施学习评价：一是确定相应的评价标准，二是创设相关的评价情境，三是选用合适的评价手段，四是充分利用评价结果。评价一定要具有科学合理性，不能完全执着于标准答案，要从实际情况出发，确保评价的灵活性，不但要促进教师的评价活动展开，还需要鼓励学生进行自我评价和相互评价等。

（二）合作式教学模式

体育教学活动中采用合作教学模式可以有效地提升学生的合作意识和合作精神，对学生的互动、实践和交往能力的提升也是很有帮助的，能够促进学生的个性化发展。

1. 合作教学模式的构建与实施

（1）构建合作教学模式的步骤。首先，要基于体育教学大纲的教学内容和教学时间合理安排课堂时间。一般情况下，体育教学中理论知识的传授占到总课堂时间的25%；对学生体育能力的培养占到总课堂时间的30%；体育技战术教学占到总课堂时间的45%。其次，教师在进行课堂教学活动之前要安排教学计划，而且在教学计划的制定过程中要充分加强和学生之间的沟通与合作，并就教学方法和学生进行讨论。

（2）合作教学模式实施的具体步骤。一是要明确教学目标，只有确认教学目标，才有利于体育教师动作示范和口头讲解任务的顺利进行，有利于师生之间的互动和交流。二是开展集体授课活动，而且在开展这一教学活动过程中要特别注意应该尽量地压缩教师的讲授时间，以便提高教学效率，并为小组合作教学准备充足的时间，如此有利于提高学生的积极性和主动性，充分利用各种有创意的问题来激发学生的主动性和提高学生的注意力集中。三是注重小组合作学习方式的作用。小组合作学习方式的展开，有利于提升学生的学习积极性、主动性和创新性，并有利于学生主动发表自己的意见和看法，有利于师生之间以及生生之间的合作和沟通。四是开展阶段性的测验活动。当体育教学完成一个阶段性学习后，应该进行一定的测试活动，如此能够把握学生的学习情况和实际问题。五是要注意反馈的及时性和有效性。在反馈过程中，体育教师的评价对象是学生一段时间内的综合表现。学生通过小组合作学习后掌握的知识具有一定的零散性，并未形成系统的知识体系，这就需要发挥教师的引导归纳作用，帮助学生归纳和总结，提升学生的学习效果。当然还可以采取小组测试的方式来进行反馈，把握学生的不足之处，在解决问题和疑惑上才能更加具有针对性。

2. 合作体育教学模式运用的要点分析

首先，更新教学观念。在体育教学中开展合作教学模式是对传统教学观念的重要改革，有利于加强学生主体地位的提升，有益于学生积极性和主动性的发挥，有利于师生之间以及生生之间的沟通与合作，并可以充分考虑到学生的实际学习情况。

其次，注重学生主体意识的培养。第一，体育教学活动要充分调动学生的学习兴趣和思维活动，让学生自主地发现和探索新问题和新情况，同时也能有效地提升学生的自主意识和独立解决问题的能力；第二，要充分发挥教师的引导作用，可以利用质疑、提问等多种方式来提高学生的关注力；第三，要基于体育教学目标的基础发挥教师的主导性，若是脱离了教学目标，将无法体现学生的主体性。

第四节 高校体育教学内容的革新

　　体育教学的重要依据就是教学内容。而体育教学内容的具体依据就是体育教材。体育教学活动始终是围绕体育教学内容展开的，因此要注重对体育教学内容的研究和分析，这样才能确保体育教学的效率和质量，有利于体育教学更加顺应时代发展要求。以下就针对这一问题进行具体的讨论和研究。

一、体育教学内容的发展方向

　　第一，从教师主体向学生主体转化。各种各样的因素会对体育教学内容的确定产生影响。以往的体育教学大纲更注重教学内容的选择和价值取向的体现，并且对教师的作用更为重视。在体育教学改革的不断深入过程中，人们对体育教学内容的价值取向更为重视，因此也会从学生的角度来选择技能型体育教学内容和教学方法。

　　第二，从只注重提高身体素质向身心全面发展的方向转化。选择体育教学内容的过程会受到不同因素的影响，因此很多学校的体育课程单纯地将提高学生的各项身体素质作为主要的教学目标。自从新的教学改革大纲出台，学生的素质教育更加受到重视，学校也开始面对提升学生的整体素质等新挑战。所以在体育教学内容选择上也更注重实现素质教育这一目标，以促进学生的身心健康发展。

第三，不断追求终身体育意识的培养。学校的体育教学是为学生的终身体育服务，而这也是现在的趋势所在。想要激发学生的终身体育目标意识，就需要端正学生对体育技能、知识的态度。因此体育运动的娱乐性、传递性和健身性也是体育教学应该重点关注的内容，从而重点挑选出终身运动性强和健身价值大的体育项目。

第四，越发注重对新内容的引入。随着社会的进步，人们在体育项目上有了更多选择。新鲜刺激的体验项目也越来越受到学生的青睐和喜爱，对体育教学内容的不断创新有了新要求。此外，我国有很多传统体育项目，不但满足了人们多样化的选择需要，也能够满足人们的健身需要，所以一定要结合实际情况选择体育教学内容。

二、新型体育教学的内容体系解读

体育教育是素质教育的重要手段，其要求体育教学目标既要体现和社会的结合性，也要能够和学生的日常生活息息相关。因此需要不断地扩展体育教学内容，并注重其系统化发展，从而使得教学内容在系统内得到不断扩展，并将娱乐教育、竞技教育、生活教育、身体教育以及保健教育融为一体。

一是身体教育。将健身作为教学目的体育教育就称为身体教育。需要通过该项教育来提升学生的基本活动能力。基本活动能力具体来说包括肌肉力量、有氧耐力、柔韧性和身体成分等指标。

二是保健教育。保健教育主要针对学生参与体育项目时如何做好安全防护并确保健康，此项教育的主要内容包括生理卫生和保健知识等。其也是属于运动项目的理论和实践知识，在体育教学中是不可或缺的一部分。

三是娱乐教育。娱乐教育也是组成体育教学内容的一部分，它是社会发展的基础。任何一个民族都有其特色的娱乐体育活动，这使得体育教学内容得到进一步丰富，从而促进体育教学内容的丰富化发展。

四是竞技体育。竞技体育主要是针对专项运动项目开展教学，随着竞技体育事业的不断发展和进步，竞技体育在体育教学中的地位也得到不断提升。当然，在教学中不能以运动员的标准来要求学生，而是应该根据学生的实际情况适当降低标准，如此才能更好地和竞技体育教学目标结合，从而全面提升学生的学习兴趣、积极性和情感体验。并对传统单一的总结式评价方式予以改革，将评价关注重点放在学生的学习过程和学生的自我评价上。

第五节　高校体育教学评价的革新

一、体育教学评价改革的具体内容

对于体育教师来说，体育教学评价标准会影响其教学内容，若想完善体育教学评价，便要对其进行全面改革，改革的具体内容主要分为以下四个方面。

（1）改进评价体制，实施多方位评价。传统教学中，学生评价教师时处于被动地位，多数情况下学生的评价权利会被忽视，而教师处于主导地位，此时，评价便成了教师的"专利"。在教学中改革评价体制，首先，教师需要在教学中对学生的身体素质进行一定了解，以综合素质、运动能力以及学生在学习中和锻炼中的表现作为评价依据，具有针对性的评价往往更加容易调动学生积极性。其次，因为"水平目标"的设立，不同教学阶段的教学任务有所变化，所以，教师要改变体育内容的选择，体育教学的方式以及方法都要朝着多样化发展。最后，教师要在体育教学中依据学生的运动技能、参与项目、心理健康、社会适应、身体健康五个方面来设立评价内容，多方位、全面地对学生进行评价，从而保证评价内容的客观性和科学性。

（2）组建学习小组，增强学生协作能力。组建学习小组，并以学习小组为单位进行评价，这个方法在很多情况下都被使用过，其中，较多地应用在队列、队形练习、小组排球、篮球比赛、早操及课间操、各种距离的接力赛跑中。这样做，能够更好地促进小组成员合作能力。建立评价小组，主要目的在于促进学生提高社会适应能力，因为小组内学生成绩具有统一性，某一个学生的学习表现是否良好，影响着整个小组学生的学习情况，如此一来，小组内其他学生就会去监督不自觉的小组成员，大家都互相监督，健康积极的小组学习氛围就愈加浓烈，这对提高学生学习积极性、协作能力都有非常大的帮助。

（3）评价学生的标准由单一变为综合。在体育教学中，部分学生先天条件优秀，往往不用积极锻炼也会在体育测试中获得良好的成绩，而部分学生却因为先天不足、自身条件的限制，即使在体育课堂上非常积极锻炼，在体育测试中也难以取得理想成绩，如此一来，会对那些先天条件较差的学生心理产生一定影响。因此，体育教学评价学生的标准需要改变，由以往单一的锻炼为标准转变为以综合能力为标准。体育成绩中，单一的评价并不全面，也不科学，还应该对学生进行综合考量。那么，正确的方法便是依据课程改革，按照最新颁布的"学生体质评价标准"来对学生进行考核，这样做能够兼顾体弱学生，让其在体育运动中有参考标准，也能够让先天条件优越的学生朝着标准继续努力，可谓是一举两得。

（4）综合运用过程评价与结果评价。过去，体育教学评价注重的只是对学生学习结果的评价，关注的重点也只限于学生各项运动的最终成绩，从而忽略了对学生学习过程的评价，体育教学评价就无法发挥自身的积极反馈作用，而且也无法激励学生学习，体育教学的效果也无法提高。因此，要学会充分利用对多种评价方法和手段。对体育教学的各个方面作出科学合理的评定，并及时向学生反馈评价结果，以使学生及时发现学习中的不足。现在不仅要调整评价内容，而且还要在平时的考评中对学生的"练习过程"进行直接评价。如此一来，不仅有利于端正学生在整个练习过程中的态度，提高学生的练习积极性与主动性，而且还能够合理避免一部分学生过分依赖先天良好的身体素质而缺乏参加体育练习的积极性的现象。此外，这也能够积极鼓励那些先天身体素质较差但很努力练习的学生。

二、体育教学评价的发展态势

作为教学管理的重要手段，体育教学评价受到的重视程度越来越高，并且呈现出了较为显著的发展变化态势，具体来说，主要体现在以下四个方面。

（一）评价内容不断扩展

实施体育教学评价是为体育教育目标的实现服务的。体育教学目标一旦明确，体育教学评价的内容也就会随之确定。当前，整个学术界和教育界普遍认为，不同学校具有多样化的体育教学目标。

所以，体育教学评价内容也逐渐趋向于多元化的趋势。具体来说，体育教学评价已经不单单是技术技能考评或健康测验，不仅包含着新课标所规定的目标内容，而且还在一定程度上体现了对心理情感态度的评价。

（二）评价理念不断更新

体育教学评价理念必须要科学，而且还要符合素质教育发展的要求。将学校体育在素质教育中的地位与作用加以明确，制定学校体育的具体培养目标，使体育教学评价目标与体育教学目标达到高度统一，并以体育教学目标为依据来进行体育教学评价指标体系的设计。不仅如此，还要注意保证教学评价指标具有科学性，教学评价办法要有很强的可操作性，从而充分发挥体育教学评价体系的正确导向功能。

需要注意的是，必须对素质教育加以推广，但这并不意味着要将考试取消，也不意味着体育课只是单纯地流于形式，而是要从根本上建立科学的体育教育评价的指导思想。正确的做法主要体现在两个方面：一是要用多角度多方法的综合质量评价取代单一的评价视角；二是要逐步淡化考评的选拔价值与作用，同时不断强化全面教育、检验、反馈以及激励的综合意义与价值。

（三）个体化相对评价的实施

目前，许多高校中都存在学生厌倦体育课的现象。青少年应该是比较喜欢体育运动的，然而，越是高年级的学生就越会表现出对体育运动的厌倦情绪。这主要是由体育教学目标设置不合理、体育教学方法采用不恰当、体育教材内容安排不合理导致的。其中，体育教学评价中对统一评价指标体系的错误运用是导致这一现象的主要原因之一。例如，学生的先天条件就存在差异，使得条件好的不用努力就能够取得好的成绩，而条件差的学生加大锻炼的时间和强度取得的效果也往往不理想，这就会对学生参与体育锻炼的积极性造成影响。基于此，要求实施个体化相对评价。通过运用评价结果来有效激发学生参与体育学习的热情与兴趣，也有利于促进全体学生的共同发展。

（四）评价方式的综合使用

首先，将定性评价与定量评价有机结合。在体育教学评价中，选择定量评价方法有利于提高教学评价的科学性与准确性，有利于改变以往定性评价占据主要地位的局面，从而大大提高了定量评价的地位。然而，有一点需要特别指出，体育教育是一个庞杂的系统，而且大量的人文因素存在于这一系统中，而这些人文因素的评价是无法运用定量评价进行评定的。因此，这就要求将定量评价与定性评价结合起来使用，从而使体育教学评价的准确性和科学性得到有力保障。

其次，诊断性评价、形成性评价和总结性评价的综合运用。传统的体育教学评价注重运用总结性评价。总结性评价方式有明显的缺点，具体是其无法充分发挥体育教学评价的反馈功能，不利于对学生的体育学习起到激励作用，也不利于学生学习效果的提高与教师教学方法的改进，因为往往是在单元学习或阶段学习结束之后才进行总结性评价，所以才会导致上述缺点的产生。从这一点来看，体育教学评价就要改变以往单一的评价方式，实行综合评价，即有机地将诊断性、形成性和总结性评价结合起来进行评价。这三个评价方式各具特征与优势，诊断性评价有利于检查学生对某一教材的学习准备状态；形成性评价有利于及时发现体育教学过程中存在的这样或那样的问题，并在发现之后及时进行反馈，反馈结果有利于完善体育教学工作；总结性评价有利于检查某一阶段的教学情况，从而对这一阶段的教学水平有一个清楚的认识。动态结合这三种评价方式，有利于促进体育教学评价的发展与完善。

最后，充分结合自评与他评。以往的体育教学评价比较重视评价主体对他人的评价，经常忽略体育教师与学生的自我评价。当把体育教师作为评价对象时，需要体育教师对自己作出客观评价，主要是因为体育教师重点从事体育教学工作，对体育教学活动最为熟悉，对体育教学质量也有一个比较清晰的认识，所以要适当地实行教师的自我评价。在运用自我评价的同时也要注重他人评价的积极意义。这主要是因为教师对自己很难做到真正的客观评价，他们往往会考虑一些与自身利益相关的因素，从而对自己作出不符合客观实际的过高评价，评价的客观性会有所欠缺。鉴于此，他人的评价也是体育教学中必须要采用的重要方法。将他评与自评有机地结合起来，才能得出正确的评价结论。

另外，作为教学目标的实践者，学生要想对体育教学进行准确评价，就必须重视亲身体验。尤其是情感、意志、态度、兴趣等无法用定量评价表现的内容，只有通过自我评价才能获得真实的信息。自我评价对于学生来说是非常重要的，学生要懂得如何正确运用自我评价的方式评价自己，自我评价时要以体育教学目标为主要评价依据，因为体育教学目标有利于正确指导学生的学习。除了要依据教学目标之外，还要把学习目标当作评价的依据，学生学习目标的制定要充分考虑教师的教学目标。依据体育教学目标与学习目标实施自我评价有利于提高学生正确评价自我的能力。

第二章 翻转课堂教学模式的实施理论与教学设计

翻转课堂作为一种教学模式，已经成为全球教育界关注的热点。翻转课堂不仅是信息技术与教育教学融合创新的一个切入口，还是对教育观念和人才培养过程的革新。本章以翻转课堂的界定为切入点，解读翻转课堂教学模式的理论依据，探讨翻转课堂教学实施与评价、翻转教学学习任务单和学案的设计。

第一节 翻转课堂的界定

一、翻转课堂的定义及特征

（一）翻转课堂的定义

翻转课堂从英文"flipped classroom"或"inverted classroom"翻译而来。与翻转课堂类似的翻译还有"颠倒课堂""反转课堂""翻转教学""翻转学习"等，目前统一使用"翻转课堂"这个概念。翻转课堂的定义不断变化和完善，反映了研究者和实践者对翻转课堂的内涵的认识越来越深入。

定义一：所谓翻转课堂，就是教师创建视频，学生在家中或课外观看视频中教师的讲解，回到课堂上师生面对面交流和完成作业的一种教学形态。这是 2007 年美国科罗拉多州林地公园高中两位化学教师乔纳森·伯格曼（Jonathan Bergmann）和亚伦·萨姆斯（Aaron Sams）提出的定义。在此之前，他们只能对翻转课堂的做法进行简单、朴素的描述：学生晚上在家观看教师录制的教学视频，第二天则跟同学一起在课室完成作业，遇到问题可以向教师或同学请教。这跟传统的"白天学生跟随教师在教室上课，晚上回家完成作业"的教学方式正好相反，所以称为翻转课堂。这一描述方式，主要是通过与传统课堂教学进行参照和对比的方式，帮助教师同行认识他们的翻转课堂实践。为了让同行对他们的翻转课堂有深入的了解，他们甚至以回答翻转课堂"是什么"和"不是什么"两个问题的方式对翻转课堂进行进一步的解读。他们认为，翻转课堂让课堂的内容得到永久存档，可用于复习或补课，使缺席课堂的学生不被甩在后面；它提供了一种让学生对自己的学习负责的环境，让所有学生都能得到个性化教育；它增加了学生和教师之间的互动和个性化的接触时间；教师是学生身边的"教练"，不是在讲台上的"圣人"；它是所有的学生都能积极学习的课堂；是混合了直接讲解与建构主义学习的混合式课堂。他们进一步强调，翻转课堂不是在线课程，也不是在线视频的代名词，因为翻转课堂除了教学视频外，还有面对面的互动时间，与同学和教师一起进行有意义的学习活动；它不是用视频取代教师，让整个班的学生都盯着电脑屏幕；它不是让学生在孤立地学习，更不是让学生无序学习。

从林地公园高中对翻转课堂的定义和描述来看，林地式翻转课堂属于早期的翻转课堂，对翻转课堂本质的理解还比较简单。他们主要是受本杰明·布卢姆（Benjamin Bloom）掌握学习理论①的影响和局限，将研究的重心放在课前自学和视频学习。对于课堂的研究，停留于完成作业任务和增加个别辅导的时间。对课堂互动学习和探究学习还缺乏进一步的研究和展开。在我国引入翻转课堂的初期，同样是将课前的学习目标、任务和视频资源作为研究重点，甚至不少教师将翻转课堂教学等同于视频教学或在线学习。

定义二：颠倒的教室，是指教育者赋予学生更多的自由，把知识传授的过程放在教室外，让大家选择最适合自己的方式接受新知识；而把知识内化的过程放在教室内，以便同学之间、同学和教师之间有更多的沟通和交流。

这是在"聚焦教育变革——2011年中国教育信息化峰会"上，英特尔全球教育总监布瑞安·冈萨雷斯（Brian Gonzalez）在题为《教育变革全球趋势和经验》的主题演讲中提出的翻转课堂定义。在英特尔的合作项目学校，这种模式已经得到很好的落实。课前，学生们以自己的方式和时间，选择性地观看教师的课程视频；课上，大家针对自己的疑问解决问题，以及做一些测评、沟通的工作。英特尔对翻转课堂的理解，离不开英特尔的"一对一"数字化学习模式。虽然强调"同学之间、同学和教师之间有更多的沟通和交流"，但更主要的还是强调通过数字化"一对一"学习，提供给学生更多的自主和自由，强调的是技术的参与。他在演讲中反复强调学习无处不在。学习无处不在是指：在任何时间、任何地点，任何对象都可以进行教与学，就如同英特尔"一对一"数字化学习一

---

① 掌握学习理论认为教学应该以掌握学习为指导思想，以教育目标为导向，以教育评价为调控手段，形成了完整的掌握学习理论体系。

直倡导的那样，始终强调了技术的支持作用。

定义三：翻转课堂是学生在课前通过教师分发的数字化材料（音视频、电教教材等）进行自主学习，回到课堂后与教师和同学互动交流，并完成练习的一种教学形态。这是重庆市江津区聚奎中学在《学习的革命：翻转课堂——聚奎中学的探索与实践》一书中①提出的翻转课堂定义。早在 2011 年，重庆市聚奎中学开始引入翻转课堂理念并对其进行探索实践，是中国基础教育阶段最早开始探索翻转课堂的学校。在三年多的探索实践中，聚奎中学对翻转课堂教学法进行了本土化改造，在持续深入地对翻转课堂进行深入理论研究的基础上，构建起中国本土化的翻转课堂整体架构、支撑体系、教学模式和评价体系。聚奎中学的翻转课堂本土化探索，在中国比较有代表性。

定义四：翻转学习是把直接教学从群体学习空间转移到个体学习空间，将群体学习空间改变成一种动态性、交互性的学习环境，促进学生在教师指导下运用概念创造性地参与科目学习的一种教育教学形态。随着翻转课堂研究的进一步发展，乔纳森·伯格曼和亚伦·萨姆斯将研究的重点由"翻转课堂"转向"翻转学习"，并在《翻转学习：如何更好地实践翻转课堂与慕课教学》②一书中引用了拉姆齐·穆塞莱姆（Ramsay Muselem）的"翻转学习"定义。该定义将研究和关注的重点，从关注"教学"到关注"学习"，从关注"课前视频学习"到关注"课堂活动"，并强调了群体学习空间与个体学习空间的关系，使翻转课堂研究和实践得到

---

① 重庆市聚奎中学校. 学习的革命：翻转课堂——聚奎中学的探索与实践［M］. 重庆：西南交通大学出版社，2015.

② ［美］乔纳森·伯格曼，亚伦·萨姆斯. 翻转学习：如何更好地实践翻转课堂与慕课教学［M］. 北京：中国青年出版社，2015.

升级换代。

　　前面四个定义，定义一、定义二将研究和关注的重点放在课前自主学习和视频技术的运用；定义三表明我国的本土化翻转课堂强调课堂活动，但主要以作业练习为核心，缺乏对创造力的关注和培养；定义四强调课堂时空的动态性、交互性应用，认为"翻转学习就本质而言是以学习为中心的"。

　　这些定义对翻转课堂内涵的描述和界定主要着重于翻转的形式，说明我国翻转课堂的研究和实践主要还是聚焦于形式的翻转课堂，对翻转课堂的本质有待深入。从操作层面看，翻转课堂主要通过"四个联通"来实现，因此，翻转课堂在实施层面是"联通教育"。

　　一是强调课堂内外联通。翻转课堂与此前的传统教育存在极大的差异性，首先在时间、空间方面进行了相关的"解构"，甚至可以称为"重构"。课外的时间和空间具有较大的弹性和灵活性，适合于差异性较大的个性化自主学习。课堂的时间和空间比较固定，适合于步调一致的协同性学习。翻转课堂中，教学与学习的时间和空间都发生了转变。教师教授时间放在了课前由学习者控制，学习者可根据自身的水平自行加减。与此同时，教师会在整个讲课过程中尽量降低主动性，让学生拥有大量的时间和空间主动探索，降低被动性。另外，加入的课外学习环节有效地扩大了课堂小组的讨论深入程度，这对于学习成绩的进步具有极大的促进作用。

　　二是强调学生个性化学习和教师的贴心服务联通。在现在急剧发展的数字化教学中，可以看到个性化学习的重要性。教师从知识的垄断者，变成学生学习的导师和管理者。在翻转课堂中，学生成为学习过程的中心，有效地提高了学生的学习主动性和积极性，在整个课堂活动中提高了自身的实践应用能力，增强了知识的深入理解程度。然而，这个过程并不意味着教师地位的下降，因为在整个学习的过程中，教师一直扮演着指导者的角色，并主要体现在两个方面：一方面，在课外学习方面，当学生自行调整观看视频的频率和手段时，教师需要指导学生调整观看内容，视频可以由教师选择也可以由教师制作；另一方面，在课内学习方面，当学生学习遇到问题时，教师需要指导学生解决问题。

三是强调"线上学习"和"线下学习"联通。由于科技的不断发展，线上教学已经变得越来越普遍，提高相关方面的技能有助于促进整个教育体系的发展。笔者对于该问题的看法是应该实现"线上解决共性问题，线下解决个性问题"。当学习者个人观看完"基础课程"视频之后，针对产生的相关疑问就可以进行下一步的线下讨论，这一步既可以实现问题的解决，也增强了学习的拓展度；互联网教育可以促进学习资源的有效利用，翻转教学的视频多数来自专业机构，观看时有的属于免费行为，有的属于收费行为。教师可以借助这些视频资源补充教学内容，实现知识的完整化呈现。

四是强调知识和智慧联通。拥有知识并不意味着拥有智慧。翻转课堂注重"知识教育"与"智慧学习"相结合，让学生在学习的同时，智慧也获得逐步的提高。

展开上述四个目标的同时，也应该预防产生"伪翻转课堂"。而只要确保上述"四个联通"就可以保证"翻转"的真实性。

综上所述，翻转课堂是一种新型的创造力课堂。它将讲授教学从群体学习空间转移到个体学习空间，将群体学习空间转变为一种动态的、互动的学习环境，从而满足学生个性化的学习需要并发展学生的批判性思维、解决问题的能力和创造新知识的能力。

（二）翻转课堂的特征

（1）教学技术的信息化。翻转课堂的实施有赖于在线教学平台，教师通过制作、搜寻、整合和上传资源，组织在线讨论，在线解决问题，设计在线测试内容以及进行在线评价等工作开展课前教学，所有的这些都需要信息终端设备和信息技术的支持。由此可见，翻转课堂具有教学技术信息化的典型特征。

（2）教学资源的最优化。传统体育教学的资源主要是教材，较为单一，而翻转课堂模式下的体育教学资源具有显著的最优化特点。除了教材之外，体育教师要依据教学内容来录制或整合出优质的体育教学视频、PPT 以及立体感和动态感较强的 3D 动画等，这些形象生动、声色俱备的体育教学资源对于丰富学生的体育知识、提高体育技能水平以及培养学生的体育学习兴趣、拓展学生的体育视野等具有重要的影响，势必会提高体育教学效果。

（3）教学平台的二元化。长期以来，我国的体育教学从小学持续到大学阶段，但学生的体育知识、技能水平却并未得到有效的提高。造成这一现象的原因是多方面的，体育教学平台单一就是其中的一个重要原因。传统体育教学只有一个教学平台，即体育课堂，离开体育课堂，学生的体育学习就会失去指导，这自然不利于学生体育水平的提高。翻转课堂模式下，学生的体育教学平台由一个增加为两个，即在线体育教学平台和体育课堂。在线平台的加入，让体育教学能够更好地满足学生的需要，无疑有利于学生对体育课程的学习。

（4）学生学习的自主化和协作化。翻转课堂的实施有赖于学生学习的自主性。如果学生在课前无法完成对课程内容的自主学习，后续的教学就无法进行；如果学生课中不能自主参与到各项学习活动和实践之中，翻转课堂也难以取得好的效果。翻转课堂的实施还需要学生之间进行必要的团队协作，有了团队协作，学生在学习、实践中便可以相互指导、相互督促、相互激励、相互评价，共同完成小组目标。

（5）教与学的个性化。在班级授课制的教学形式下，如何依据学生的个体差异进行因材施教式的个性化教学，这是一个长期给教育界带来困扰的重要课题。为此，人们试图通过分层教学、分组教学等方法来解决问题，最终也未能达到个性化教学的目的。2010年8月，美国首席教育官员委员会等三个组织主办了个性化学习研讨会，并对个性化学习进行了界定：个性化学习是以学生为中心的学习方式，它通过定制个性化教学、课程和学习环境来满足个别学生的需求和愿望，使学生能根据自己的兴趣和经验，按自己的节奏和方法进行学习。翻转课堂实现了"以教师为中心"向"以学生为中心"的转变，在明确的任务导向下，学生课前可以依据个人的节奏、兴趣、需求学习在线教学资源，教师通过设计先在教学平台为学生营造一个良好的学习环境，并依据学生实际需要进行及时的在线指导；课中，教师将大部分时间交给学生，除了根据学生的学习情况进行必要的讲解、示范之外，大多数时间都在负责组织学生的各种活动和巡回指导，学生则通过师生、生生之间的沟通、互动以及实践等进一步内化知识与技能，这种看似没有统一步调的教学却有着较强的针对性，是一种尊重学生个体差异的个性化教学。

（6）教学评价的多元化和全面化。评价主体包含了教师和学生，必要的时候还有教学管理部门的人员，评价内容既有课程内容，又包括了学生的课堂表现、学习态度、进步程度等，评价阶段贯穿了课前、课中和课后，评价方式包括了线上评价和线下评价，评价地点不再仅仅限于课堂，评价目的也由给学生打分向着"以评促教""以评促学""以评促建"的多元化方向转变。整体来看，翻转课堂的教学评价更加多元化和全面化，评价的结果也更加科学化，最终有助于实现教与学的优化。

二、翻转课堂的本质分析

（一）翻转课堂的内容

一是教学流程的创新。教学流程的翻转，通常又称为"教学流程再造"。过去，学生在教室上课，听讲座，回家做作业，练习；现在，学生在教室讨论，答疑，做作业，在家中在线上课，听讲座。翻转课堂和传统课堂的教学流程存在着极大的差异，前者强调把"知识传授"这个环节安排在课前，把"知识内化"环节安排在课中。在课前的学习中可以发挥教学视频的辅助作用，这与此前单纯地依靠教师讲授知识是不同的。此外，教学视频相对延长了课堂时间，这对于作业的解决、师生交流、生生互动等具有巨大的促进功效。

二是教育理念的创新。翻转课堂就是由"以教为中心"的教育理念转变为"以学为中心"的教育理念。翻转课堂被看作是以学生为中心的学习模式。一直以来，课堂都是以教师为中心，教学就是教师站在讲台上给学生讲课，即使教师课讲得非常精彩，也总有学生不能融入其中。翻转课堂，让教师下台，学生上台，课堂变成一个学生的学习中心。

三是师生角色的创新。翻转课堂最大的障碍是教师角色的转变。翻转课堂通过"传递信息"和"吸收内化"过程的翻转，使教师由知识的传授者转变为学生学习的指导者、服务者；学生由被动接受转变为主动研究。

四是学习环境与学习活动关系的创新。按照学习过程是需要交流协作还是需要独立思考，可以将学习分为独学和群学。独学，以独立思考为特征，如知识传授；群学，以协作交流为特征，如知识内化。学习环境也有两类：私环境和公环境。私环境，如家里，安静，干扰少，适用于独立思考，适用于独学；公环境，如教室、公共场所，适用交流分享、协作探究，适用于群学。翻转课堂，将"在课堂学习知识，在家完成作业"的方式转变为"在家观看视频学习知识，在课堂讨论学习"，实现了学习方式与学习环境的完美匹配，即适宜群学的学习内容和与适宜群学的环境相互匹配；适宜独学的学习内容与适宜独学的学习环境达到高度的统一。翻转课堂的最大潜力和最大特色，可以认为是实现学习活动与学习环境的完美结合与匹配。

五是育人本质和育人目标的创新。无论是教学流程的再造，还是教育观念的转变，无论是师生角色的转换，还是教学结构的翻转，改变的都是课堂教学形式和教学手段，但翻转课堂的核心是适应信息化背景下学校教育变革的需要，改变旧的育人目标并相应地改变教学的环境和形式。

（二）翻转课堂与传统教学的区别

翻转课堂是一个舶来品。从形式上看，翻转课堂是学生在家或课外看视频，回到课堂做作业的一种教学形式。先学后教是对传统的"先教后学、课后作业"教学模式的颠覆性改革，一堂课总要从"先学后教"的"学"字开头，这个"学"是自学的意思，"学"是学生带着教师布置的任务、有既定目标地自学。学生的自学成为一堂课的起点，是这种课堂教学模式的最大特色和亮点。每堂课教师都是先让学生自学，学生不是盲目地自学，而是在教师指导下自学。教师的指导必须符合"四明确"要求：明确时间、明确内容、明确方法、明确要求。从形式上看，翻转课堂与先学后教的确有许多相似之处。因此，很多研究人员在确定翻转课堂的本质时，强调"先学后教"，这与之前的"教师先教，学生后学"产生了极大的差异。但是，第一，"先学后教"不是确定翻转课堂的核心所在，只是作为对传统教学手段在时间、空间方面的创新，让超时空的学习、互动得以实现。第二，整个翻转课堂的教学过程，包括教师创建授课视频（上课与课程录制）、学生观看视频学习知识（听课）、课堂师生互动（知识的深度加工以及价值的深度挖掘）这三个方面，而传统的教学过程包括教、学两个方面，并且讲究教与学的同时性。就翻转课堂来说，教师的"教"体现在"录制授课视频"中，学生的"学"体现在课外观看授课视频中，学生的知识性延伸学习体现在课堂的互动与交流中。从这方面来说，翻转课堂也是"先教后学"，与众多学者主张的"先学后教"有所不同，人们应该清晰地看到翻转课堂的特点在于教学时空不同，并非教学活动顺序不同。

对翻转课堂"先学后教"的曲解，引发了大量错误的翻转教学实验。下面对这些错误的教学实验进行具体分析。

第一，教师并不相信学生，在发布完视频之后，教师不确定学生是否确实观看了视频，并理解了视频内容，于是，部分教师会在课堂中对视频知识进行再次传授，这无疑延长了课堂学习时间，缩短了师生互动与生生交流的时间，这与翻转教学所要追求的时间性要素恰恰相反。

第二，学生压力增大，学生的学习任务不仅包括家庭作业，还增加了视频观看的环节，这在很大程度上挤占了学生的学习时间，与此同时，家长也发出了反对的声音。其实，进行完课前的视频学习后，学生就已经对知识有了充分了解，因而更需要课堂上的互动与交流，作业可以适量布置，但不应该以追求大量化为目标。

第三，教师开展教学活动力度不够，"课内翻转"学习进展困难，具体表现在课前应该完成的视频学习放在了课堂前的 10~15 分钟完成，然后再开展其他教学活动。这就违背了翻转课堂强调实现最大限度的时间、空间自由化这个目标，使得知识的深入很难彻底。当学生在进行课前学习时，可以进行自主选择，这对于整个学习过程无疑具有极大的促进作用，而"课内翻转"仅仅做到了信息的传播，根本无法实现真正的翻转教学，因而可以称这种"翻转"是一种"假翻转"。

上述三个翻转教学实验的失败案例，可以使教师最大限度地掌握翻转课堂的精神实质，熟悉翻转课堂的正确操作流程。

（三）翻转课堂与混合学习的区别

国内有专家认为翻转课堂的本质是混合学习。但是这个解释有些片面，理由为：混合学习是教育领域出现的一个新名词，但它的理念和思想却已经存在多年。国内外教育技术专家分别进行过定义和论述。部分专家就"混合学习"给出了更为完整的说法，他们强调：第一，混合学习的提出，说明学习过程需要 Web 技术（虚拟课堂实况、协作学习、流媒体和文本）发挥协调作用；第二，注重与众不同的教学方式，包括建构主义、行为主义、认知主义与教学技术、非教学技术的有效协调；第三，注重不同教学技术与不同教师，以及教学培训手段之间的协调；第四，注重教学技术与具体的工作任务相协调。在这些内容的配合下，实现整个教学的过程顺利化、成果成功化。

　　除了以上说法，也有专家对"混合学习"持有这样的看法："混合学习"展示了人们反思网络学习的成果，当这种方法扩散到教育领域，就演变成了强调"面对面教学""在线学习"两种学习方法之间的相互协调，作用在于减少成本投入，提高学习效率。专家们还提到，此种学习方式注重吸收传统学习方式的长处，并融合了当今的数字化、网络化学习优势，具体表现为强调教师的引导、启发与监控职能，重在培养学生的主动性、积极性和创造性。

　　结合上面提到的专家看法，混合学习提供了新的学习手段和学习理念。在网络学习的辅助下，结合"系统论"的观点与绩效方法，形成在线学习与传统学习相结合的协作式学习新模式。在这个过程中，让整个学习过程更顺畅，实现学习效率的大幅提升。混合学习的产生源于企业以及组织中的"学习绩效指标"。事实上，混合学习理论研究并没有提供确定有效的结合方式方法，"混合"变成了传统面对面教学与在线学习两种相对独立的学习方式的简单相加，在实际应用中还面临严峻的挑战。其中，典型的有"面对面教学"和"在线学习"的分配问题，这无疑对整个学习效率的提升具有巨大的推动作用。混合学习实现了面对面教学和在线学习的结合，但能否一定会得到最优效果尚不可知。要产生良好效果，就需要做到掌握混合的力度，选择面对面教学与在线学习的使用时间，掌握面对面教学与在线学习的应用比例和间隔频率等，然而这些问题多数难以确定。因此，混合学习理论还存在许多不确定性。

　　从以上分析可以看出，学界对混合学习概念的理解还没有形成共识，在操作层面翻转课堂是课外学习与课堂学习、线上与线下、个性化学习与教师贴心服务、知识与智慧的混合，但这种混合并不能涵盖翻转课堂的本质。

（四）翻转课堂存在的误区

我国大部分地区和学校的翻转课堂实验，基本上是按照应试教育思维来"翻转"课堂的。无论课前的自主学习，还是课堂的互动学习，都过于强调练习和测试，"课前测""课中测""课后测"等关键词成为翻转课堂的核心概念。在操作层面，自主学习、小组学习、协作探究、展示质疑，形式不断创新，但内容局限于大容量的"练习和测试"，服务的对象仍然是应试教育。

"翻转"课堂即是对传统课堂的改革和创新，目的在于改变过于重视和局限于"高强训练"和"考试成绩"的现状，发展学生的综合素质能力。因此，"翻转"课堂需要智慧教育思维（即重视知识的传承，更重视智慧的发展），而不是应试教育思维。

三、翻转课堂面临的挑战

翻转课堂在国外受到空前认可和吹捧，取得了非凡的成功。在国内也赢得了很多学者的赞扬。但是，翻转课堂的成功实施依赖于一系列条件的达成，这些条件包括意识层面和能力层面。在各方条件不成熟时实施翻转课堂，却会对学生、教师及学校管理方乃至社会提出许多的挑战。

（一）对学生带来的挑战

近年来，许多高校引进了翻转课堂的翻转性教育理念，作为特色校本教研课程，进行学习、研究和实践，并取得了一定的成就，许多学者和管理层对此均比较认可。这主要是因为国家的高度重视，地方政府主管部门以及学校管理层的全面支持以及教师们的认真钻研、互帮互助、群策群力。但翻转课堂最终是培养学生，学生是主体，它需要大部分学生接受、支持。

1. 学生的自主自学意识和习惯需要改变

翻转课堂课前任务（学习）完成的质量对会课堂活动进展产生直接影响。但是，学生从小学甚至幼儿园开始就是不准讲话，听教师讲授的模式，等到了大学阶段，许多学生对课堂讲授已经习以为常，教师就是学生的依赖。而且，信息社会的到来让注意力成为稀缺资源，即使是成人都很难在打开电脑准备工作的时候不被跳出来的信息吸引走，而对刚成年的学生而言，可以想见这一点更难保证。自主学习的良好意识与习惯并未养成，没有一定的学习自律性，很难坚持课堂以外的自主学习时间与强度，也就很难保证课前任务的完成，进而影响教学效果。

所以需要持续加大对学生自律意识的宣传，使学生早日形成自主学习意识。此外，还要给教师提供更多的学习和培训机会。"走出去、带回来"让教师更好、更快地转换翻转的理念、吸收先进的教学手段、实践翻转教学模式。

2. 对学生协作意识和协作能力的挑战

传统的学习模式下学生是几乎没有协作的。教育目标里有团结，但没有协作。很多学生认为团结就是不打架，没有冲突，对于社会呼声很高的团队精神不屑一顾，学校层面重视程度也不够。翻转课堂模式中，课堂学习活动是灵魂，他要求学生协作完成学习任务，在协作中完成知识的内化。它要求懂得某知识点的学生讲给不懂的学生，要求学生专业分工，要求学生尊重每一种观点，总之，它需要学生建立协作的组织行为和规范并有具体的度量办法。

（二）对教师提出的挑战

1. 对教师技术能力的挑战

传统教学中，高校教师使用板书讲解、进行动作示范或只需掌握基本多媒体操作即可，而在翻转课堂中，整个教学采用的是网络教学，这就需要高校教师具有较好的信息技术水平，以便制作出集声音、图像、动画等于一体的高质量的教学视频，虽然有其他网络资源可用，但目前来看，已有的慕课平台上资源依然有限，大量的微课还需要授课教师自己制作。

2. 对教师组织能力的挑战

在翻转课堂的教学过程方面，井然有序的组织力和切切实实的执行力是翻转课堂能翻转起来的重要保证。教师需要做好充分的课前准备。因此，不是简单要求学生完成学习任务，而是对学生进行适当的引导，帮助学生自行学习。学生可以有效地利用课余时间，在家中进行高效学习，结合现代化的网络信息技术，从而完成自主学习任务；老师面对学生随时需要解决的学习问题，要能及时有效处理并对学生进行自学引导，这些都是翻转课堂迫切需要解决的问题。因此，要建立完善的课前预设体系，才能为下一步的教学活动打下良好的基础，对 QQ 群、微信群等平台，要及时上传教学资料，以帮助学生更好地开展独立学习。教师要打破传统思维的束缚，发挥创新意识，探索新的课堂作业和学习活动的布置途径。对于大班额来说，这一点尤为重要。因此，如何实现教师到导师的转变，是教师面临的一大挑战。

3. 对教师知识能力的挑战

在传统课堂上，教师把自己准备的内容讲出来教学任务就完成了。但在翻转课堂上，教师和学生一起相互激发，学生和学生一起头脑风暴，活动可以是预设的，但内容却是现场生成的，教师无法提前预见学生会提出什么问题。所以这就要求教师不能照本宣科，需要更宏观的、精深的知识面来应对。当然，有时候讨论展开，触碰到教师不懂的领域也非常正常。但在专业领域内，翻转课堂要求教师不再是个复述机器而是个学习的引领伙伴，这要求教师在专业上下更大的功夫，不仅自己知道相应知识，还要引导学生实现知识扩展、技能提升。

（三）对管理方提出的挑战

1. 学科及课程体系有待优化

在我国高校本科阶段的教学治理中，院、系和专业都有着严格和明确的划分，学生们在不同的院、系及专业学习，这种方式很难使个人根据兴趣爱好对所热爱的学科知识进行深入的学习，造成部分学生群体对学习丧失兴趣，翻转课堂的效能得不到良好的释放。因此，要实现翻转课堂的教学方式，进一步提高其教学质量，要从教学根源进行治理，需要打破专业壁垒，实现资源高效配置，应当简化学科体系，规范相关的教学内容，注意课程衔接的效果。

（1）简化学科体系。要根据学生的兴趣、他们的职业规划，以及高等教育的需求等方面综合考量。过去，高等教育倾向于将工业化及产业化相结合，对学生进行培养，这一点无法满足学生的需求，也不能确保学生拥有学习自由。由此可见，新的教学模式，应尽可能激发学生的学习兴趣，这样学生可以根据自身需求进行学习，自然也会有足够的学习兴趣。

（2）规范相关教学内容。大一、大二是教学的基础阶段，应加强通识教育与课程知识的有机结合，以学年为单位，进行教学内容的部署。例如，在通识课程的教学中，要注重学生逻辑推理能力，还有科学常识等的培养，并且鼓励学生进行选修课的学习；在学科知识上，采取大分科，部署共同的内容等。大学的第三年，确定好专业方向之后，重点对学术和职场两个方面，设置相关的课程，要适当增加难度，培养并兼顾学生的专业能力、工作能力。

（3）注意课程衔接的效果。要善于发现不同阶段下，课程设置之间的衔接效果，要有利于各个环节之间的相互补充，建立良好的知识结构体系，从而便于学生对知识的理解和吸收。例如，在教学通识课程阶段完成后，开设相关的专业理论课，使得课程更具衔接性。又如，在语言技能课程中，可以开设商务与学术两方面的语言课程，让学生能够把知识很好地利用到新的情境中去，锻炼并提升学生处于新环境下的应对能力。

2. 教学评价指标体系需要改善

近年来，我国高等教育处于不断提高和完善之中，其教学治理方面也取得了不少优异的成果，如分类评估、强化资源使用率，还有注重定性描述等。其中，高校教学在实践活动方面，特别强调了教师、学生与学校三个方面的利益关系，从教学评估等方式中得以体现，是教育质量保障的关键构成要件。高等教育这一系列的变化，尤其是在翻转课堂中，有着更为明显的展示。因为翻转课堂中，结合建构主义教学理念，利用碎片化的知识，构建学生的知识体系，教学治理的方向转变为学习管理。换句话说，翻转课堂，注重师生之间的沟通，教师可以更好地认识到学生的能力与水平，更准确地作出评估，有针对性地指出学生的学习成效。翻转课堂的教学模式，让教师将更多的注意力放在学生能力的培养方面，因此，学生的发展能力成为教学的关键，教学评估方式转向学生的学习过程。要实现全面、准确地评估学生的学习能力和水平，要充分结合学生的自主学习情况，还有小组协作等情况，同时结合课堂活动的互动参与情况，综合这些因素，并且制定相关的教学评价体系，才能做到对大学生应用水平和学习能力，作出客观、公正、全面的评价。

另外，在约束和激励并存时，教学评估体系要具备双向性。学生也是教学的主体之一，他们也可以对教师授课的情况进行打分，评估教师的个人行为，以及学校的相关教学政策，使得教学治理不局限于外部问责，也要从内部抓好，实现双管齐下。翻转课堂的模式中，学生可以充分发挥个人的认知能力，提升自身的知识理解能力与判断能力，要敢于提出疑问，同时也要评估教师的授课方式，可以避免教师因利益诉求，造成的教学弊端，为今后的教学治理打下扎实的基础。

学生是翻转教学中的"主体"，也是学习的主人。学生进行独立自主的学习与交流互动，并对教师进行评估等，这正是学生"主权"使用的客观体现，所以，学生要具备责任意识和自主意识。从传统授课中的师生不平等的关系中解放出来，从而建立平等的师生关系。值得注意的是，翻转课堂的核心要义就在于承认学生的主体地位性。

3. 虚拟和实体装备的设计

翻转课堂这种全新的教学模式不只是课堂结构的变化，理念的变革需要具体操作层面的落实。在学校层面，需要软件和硬件的调整和改变。

为了获得翻转课堂项目的在线内容，学校需要作出选择，微课是自己教师制作还是从外部购买？每个课程选择一个供应商还是联合多个供应商？购买哪个教学平台？每一种选择都有优势和不足，要求学校综合平衡。

翻转课堂的管理效果，传统课堂是无法做到的。翻转课堂能够使学生积极参与到教学活动中，学生愿意并且热爱这种教学氛围，并积极发挥主观能动性，解决学习中存在的问题，教师与学生的关系是和谐融洽的，二者互帮互助，交流合作。但是目前，翻转课堂还处于起步阶段，缺乏实践经验，以及相关的配套设施等，客观上还有许多方面存在不足，翻转课堂的新型教学模式，对于许多高校来说，是一个巨大的挑战。但不可否认的是，随着现代教学理念的不断完善，现代科技水平的不断提升，所有的问题都会迎刃而解。

四、翻转课堂的优势与局限性

（一）翻转课堂的优势体现

翻转课堂近几年在国内迅速崛起，占领了很大的市场，并给我国的传统教育行业带来了强有力的冲击。翻转课堂的出现，打破了传统教学方式的束缚。传统的教学课堂中，教师占据主导地位，进行知识的灌输，学生在课堂上鸦雀无声，完全是被动式地接受知识，而翻转课堂的授课方式与之完全不同，这种方式将学生的主观能动性充分地调动起来，改变了传统教学方式中师生交流匮乏的局面。具体的优势表现在以下七个方面。

第一，增进师生之间的了解。师生关系对于学生的成长和学习成绩的提升，有着十分重要的影响。相关的调查研究发现，如果学生与教师能够建立良好的师生关系，那么学生的学习成绩会突飞猛进；如果师生关系紧张，学生会产生厌学心理，成绩也会下滑。翻转课堂就充分考虑到这一因素，在授课过程中设置了讨论环节，强调师生之间的互动，利用课前与课后的时间，也可以进行互动交流，这样可以促进师生建立良好的关系，也有利于教师充分认识学生，掌握学生的内心想法，以及学生在学习过程中存在的薄弱环节，从而为因材施教打下了良好的基础。翻转课堂的教学模式侧重于发挥学生的主观能动性，尊重学生的主体地位，教师更多的是辅助学生，帮助学生完成学习任务。

第二，丰富学生课外生活。传统的教学方式，不仅授课时间长，而且常常压缩学生的休息时间，使学生没有足够的独立学习时间。现如今，随着社会的不断发展与进步，对高素质人才的需求愈加迫切，因此，对学生的全面发展，以及综合能力的培养提出了更高的要求，这就与传统的教学方式存在不可调和的矛盾。学生利用好在家的学习时间，不仅能够减轻学校的教学任务，而且能够培养学生独立的学习能力，以及合理分配时间的自律能力，可以让学生兼顾学习与生活。因此，翻转课堂有着教学的高效性，可以给学生充足的时间，有助于培养学生的业余爱好以及其他的能力，使学生更加热爱学习和生活。

第三，有助于繁忙的学生和后进生的学习。在翻转课堂教学模式下，繁忙的学生不用担心自己因为要去参加学校的活动而落下功课。因为主要的知识点已经在网络上了。而且，在传统课堂上，教师对积极分子和成绩较好的同学关注度较高，而那些成绩平平的同学很容易会被教师忽略。在集体教育中教师对待全体学生都是统一进度、统一步调，对于成绩较差的学生，他们无法跟上教师的讲课进度，对知识点的疑惑越聚越多，到最后就导致这部分学生的学习积极性和自主性越来越受挫，成绩逐渐下滑，最终甚至不想学习，在心理上也会因为无人关注而自卑心理越来越重。长期在这种状态下学习，他们体会不到学习的成就感，也无法感知到来自教师和同学的尊重和爱戴，他们就会以其他逆反的方式来获得关注，例如课堂捣乱或者会逐渐脱离班级集体。翻转课堂教学模式在课前教学阶段可以为学生提供弥补机会，让学生通过反复观看微课理解知识点，在课堂教学阶段，教师有更多的时间和机会来关注这些后进生，帮助他们解决问题，让他们体会到学习的成就感，感受到教师的关心和爱护，在学习上不断进步。

第四，教会学生自定步调学习，自己对自己的学习负责。在传统的课堂上，学生必须竖着两只耳朵，闭上嘴巴，安静地听完一节课又一节课，稍一分神可能就错过了重要内容。而当为翻转课堂时，学生可以根据自己的理解程度或者其他情况适时按下暂停键，可以反复听反复看。而且，课前学习阶段交给学生自己掌控，不学的话课上阶段课程就无法深入讨论。学习不再是完全被动状态，学习不是完成父母的嘱托，教师的要求，学习的价值不是拿到个好看的分数，而是对自己的责任。

第五，学生有机会向其他教师学习。翻转课堂的课程资源中，可以是学生自己的教师录制的微课，也可以是其他教师的微课。不同的教师有不同的思维方式和语言习惯，对同一个知识点的解读方式也会不一样，这样可以让学生有更多的选择，不至于因为不喜欢某一科的教师而让自己的这门功课落下。

第六，知识被立体呈现，提高课程的具象化程度和知识总量。翻转课堂应用教学视频刺激学生的视觉感官，帮助学生加深对知识的理解，强化记忆，从而优化了教学任务，提高了教学效率。举例来说，在传统的教学模式中，由于一节课的教学任务十分细碎，所以在短的时间内传授知识，时间显得非常紧张，有时还需要延时，但是，翻转课堂中的教学视频，提前把这些琐碎的知识点加以整理归纳，再向学生传递，节约了授课的时间，提高了课堂的利用率。传统教学中，教师是学生学习的主要指导者，这就使得教师个人的知识储备以及信息表达能力，显得十分重要。而翻转课堂的教学模式不同，学生不依赖于教师授课这一种模式，可以自学，利用互联网搜索相关的知识进行学习，提高知识的储备量。例如，在学习生物课时，学生可以观看相关的生物教学视频，以及相关的实验视频，还可以找到与之相同的生物资料影片等。学生可以充分发挥主观能动性，在网络资源强有力的支持下，控制学习的时间及方式，还能够在线求助，提高学习的兴趣以及交流合作的能力。与以往的教学模式相比，翻转课堂富有趣味性，而且具有效率高的特点。

第七，改变了教师在课堂中的角色，有利于教师的职业发展。在翻转课堂教学模式下，教师走下讲台，更多时间用在帮助学生、学习小组解决问题。教师从一个"演员"变成一个"教练"，引领学生走在学习的路上。而且，数字技术让优秀的教师有机会接触到更多的学生，这将为他们带来更大的成就感和认可度。各种正式或非正式的学习方法不断涌现，促进了教师角色的分化，使教师的分工走向专业化，部分教师可能更专注于成为内容设计和课程设计的专家，为学生带来生活智慧、社会资源和人生引导的导师，或者评判作业或设计评估模式的教师等。

（二）翻转课堂的局限性体现

翻转课堂对于改进传统的教学意义深远，但是鉴于目前的社会制度及现状，对照教育的目的，我们仍能看到这一模式的局限性，正确认识这些局限性是保证翻转课堂健康发展的前提。翻转课堂的局限性体现在理论和实践两个层面上。

1. 理论上的局限性

理论上的局限性是翻转课堂教学模式本身的缺陷和不足，是指最理想的翻转模式和未来理想教育的要求仍然存在差距。理想的教育一定是因材施教，因每个学生的具体情形不同而有针对性地教育，一人一个培养目标，一人一个课表，每个学生按照自己的兴趣构建个性化的知识和能力体系。学习不是通过传授获得知识，而是通过探究和领悟获得知识和智慧。但翻转课堂教学模式还不能做到因材施教，做不到个性化教育。翻转课堂在"如何学"的问题上能做到差异化，在"学什么，为什么学"的问题上却不能给予学生选择的权力。虽然翻转课堂的课前学习能给予学生较大的自主权和选择权，但课上阶段学生还是按照统一进度进行学习，不能按照学生在该科目上的学习程度的差异而实现精准的内容匹配。翻转课堂依然重视的是知识的掌握，对学生创造力的激发作用还是有限。

2. 实践中的局限性

实践中的局限性是指在翻转课堂实践中，由于种种现实条件的制约，造成翻转课堂的现实目的和理想目的出现偏颇甚至是背道而驰。一些学校实施翻转课堂，打着素质教育的大旗，虽然轰轰烈烈，但是其实质仍是为应试教育服务的，其终极目标仍然是应试和提高分数。翻转课堂教学必然要作出改变，如果依然按部就班地使用以往的教材和教学大纲，还沿用标准化的考试，对学生的学习成果进行片面性的认知评价，那么这种所谓的翻转是不彻底的，是流于形式的。网络时代，重点不在于先进的设备，而是互联互通的功能，学校和课堂一个为终端，另一个为结点，教师与学生，利用网络这种信息媒介，可以自由获取相关的信息，并且进行合作交流，这才是教学改革的目的所在。翻转课堂和翻转学习之间最大的区别在于：翻转课堂依赖课本与教材，将教学活动局限在学校及课堂之中；而翻转学习是将社会和网络以及生活实践等因素全部融为一体，实现了具有个性化的、综合性的创新人才的培养。

新的教学模式，应该以学生独立自主建立的知识体系为基础，以能够培养出综合性的创新人才为核心，提倡开放的、多元的教学方式。不仅采取多样化的学习方式，还要调动学生的主观能动性，完善相关的评价机制。学生利用互联网这个广阔的平台，迎风逐浪，而不拘泥于学校的小天地中，可以确立学习主题，但应该允许学生在要求的范围之外，进行自我学习。

理论上的局限性是翻转课堂的硬伤，但翻转课堂只是混合式教学的一种模式，更高级的弹性模式、菜单模式以及增强型虚拟模式可以弥补这一硬伤，真正实现个性化教育。实践中翻转课堂的局限性是操作性问题，有的是因为目前制度的制约，有的是因为实践者急于求成人为所致，完全可以通过转变观念、改革制度得以实现。

第二节　翻转课堂教学模式的理论依据

一、建构主义学习理论

（一）建构主义蕴含的教学思想

建构主义所蕴含的教学思想主要反映在知识观、学习观、学生观、师生角色的定位及作用、学习环境和教学设计原则六个方面。

1. 知识观

（1）知识是人类对物质世界以及精神世界探索的结果总和。当人们对外部世界的认知变得更加深刻，此前的知识也会随之发生改变，被升华或者被推翻，新的关于世界的假设或解释也会由此形成。

（2）知识无法对世界规律进行绝对正确的概括，无法对所有的问题和活动给出普遍适用的解决办法。面对具体问题，不能期待照搬所获得的知识就能快速准确地解决问题，而要具体情况具体分析，通过再次加工和创造既有的知识对问题加以解决。

（3）知识不是实体，也无法独立于个体而存在。虽然知识可以借助语言拥有某种外在的形式，进而受到较为普遍的认同，但是学习者对这种形势下的知识的理解是存在差异的。学习者通过在特定的情况下进行学习，根据自身的经验才能建构出真正意义上的理解。否则，所谓的理解和学习只是在被动地进行复制，是死记硬背、囫囵吞枣。

2. 学习观

（1）作为学习的主体，学生可以自主对知识进行建构。教师直接、简单地向学生传递知识的行为，并不是真正意义上的学习行为。学生对于信息不是简单地、被动地进行接收，而是会对知识的意义进行主动建构，而且这个过程只能由学生本人完成，他人无法代而为之。

（2）行为主义认为学习是刺激和反应的过程，在建构主义者看来，这种观点是错误的。外部信息本来是不具有意义的，学习者在学习的过程中，让自身既有的知识经验和新知识经验不断碰撞、彼此作用，才产生了意义。学习者对于外部信息不是只能被动地接受刺激，而是会从既有经验出发，主动选择信息、加工信息和处理信息，从而实现意义的构建。

（3）获得学习意义的过程是学习者基于自身既有知识，重新认识新信息并对其进行编码的过程。在这个过程中，学习者建构了新的理解，并纳入了新的知识和经验，以往的经验、知识结构由此被改变或调整。

（4）学习者的认知结构，会通过同化和顺应两种方式发生变化。在认知结构上，同化带来的改变是量的方面，顺应带来的改变是质的方面。学习者提升自身认知水平的过程是同化和顺应、平衡和不平衡地反复进行、不断交替。学习不是把信息简单地叠加在一起，不是对信息进行简单的纳入、存储和输出，更涉及新知识经验和旧知识经验的碰撞，以及在此基础上的认知结构重建，在这个过程中，新知识经验和旧知识经验都会对彼此发挥作用，这反映出学习者和环境的互动。

3. 学生观

（1）在建构主义视角下，学习者投入学习中时，头脑中并非空无一物。学习者的生活经历和过去不同形式的学习经历会给他们带来某种知识经验，还会让他们形成对不同事物的个人看法。即使面对陌生的、毫无经验的问题，学习者在既有知识经验和认知能力的基础上，也能面对问题给出解释和假设。

（2）教学活动必须重视学习者既有的知识经验，不能一味地将外部知识强行灌入学习者的头脑中。既有的知识经验是学习者获取新的知识经验的基础，应该引导其在此基础上积累新的知识经验。教学不是对知识的单纯传递，而是处理和转化知识。教师并不意味着知识界的权威，不应该只停留在将知识呈现给学生。学生对于各种问题的独特理解和看法，教师应该给予重视，而且要思考学生这些看法的来源，在此基础上，要求学生对既有的观点进行丰富和调整。

（3）教师和学生之间、学生和学生之间要一起探索问题，同时交流看法，允许彼此进行质疑，以便对彼此的看法进行更深入的了解。学生的既有经验不同，也会因此对问题产生不同的理解并持有不同的观点。而且，如果把学生看作是一个共同体，从现象的角度来看，这些差异的存在极具价值。个体的自我进步虽然是建构主义关注的重点，但是，建构主义也关注教师对学生发挥的影响和引导作用。

4. 师生角色的定位及作用

（1）在学生构建知识的过程中，教师扮演着支持者的角色。在传统的教学模式下，教师主要负责传递知识，并且是学生心目中的权威。在建构主义视角下，教师主要负责对学生的学习进行辅导，与学生的关系是合作的、密切的伙伴关系。教师要善于发现那些复杂的、真实存在的问题，将其开发出来呈现给学生，同时意识到这些问题的答案并不唯一，鼓励学生用多种角度审视和解答问题，这也符合教学活动所秉持的创造性理念。教师要创造有利于学生学习的环境，让学生在其中通过各种方法进行学习，包括实验、探索以及与他人合作等，教师还要注意学习内容与活动的平衡。为了让学生在加工信息时增强评判能力，形成知识和理解的自我建构心理模式，教师既要把元认知工具以及心理测量方面的工具提供给学生，还要明白教学的目标不仅包括认知层面的，还包括情感层面的，教学活动应该逐步减少外部控制，让学生更多地依靠自我控制进行学习。

（2）在学生构建知识的过程中，教师充当着协助者和引导者的角色。教师要调动学生的学习兴趣，帮助其找到并保持学习动机。为了让学生建构关于新知识的意义，教师要根据教学内容创设相关情境，引导学生思考新知识和旧知识之间的联系。具体到方法上，教师要尽量让学生采用协作学习的模式，充分交流和讨论，并给予引导，让学生能在这个过程中实现对意义的有效构建。

（3）在教学活动中，学生是积极的参与者；在构建知识的过程中，学生是积极的建构者。在建构主义视角下，学生所要面对的情景应该是真实世界中的，而且往往是复杂的，学生需要在这种情况下完成任务。学生要始终意识到，要实现知识和理解的建构，就必须转变加工信息的方法，转变学习的风格。相比传统教学模式，建构主义教学会更多地要求学生自主管理学习内容。按照由维果斯基提出的"最近发展区"理论，教师需要在此区间内分配学习机会，并且要根据学生的需要及时给予辅导。

学生对知识和意义进行建构时，要做到对新知识的主动探索和积极发现，对相关信息进行收集和分析，对问题进行假设和验证，要主动寻找并思考新知识经验和自身既有知识经验之间的联系。建构意义最重要的就是联系和思考，这两者也是意义建构的关键，而且如果结合协商过程，将会达到最好的效果。

5. 学习环境

在建构主义视角下，学习者建构意义和获得知识需要外部帮助，包括与他人进行交流与合作，对必要的信息进行使用等。理想的学习环境有四个组成因素：一是情境；二是协作；三是交流；四是意义。

（1）情境。学习活动应该在一定的情境下开展，情境要对学习者进行新知识经验的意义建构有利。创造情境和环境来帮助学习者进行意义建构也是教学设计最关键的一环。

（2）协作。学习的过程需要协作，协作存在于教师和学生之间，还存在于学生和学生之间。协作的学习模式能够帮助学习者更好地收集和分析学习资料，对问题提出假设并进行验证，自我反馈学习进程，评价学习结果并完成最终的意义建构。协作在某种程度上表现为协商意识，一方面包括自我协商，即在合理性的确定上，个体和个体不断地进行商讨；另一方面包括相互协商，即学习小组成员之间一起对问题进行商讨和论证。

（3）交流。在协作中，交流是最为基本的环节，也是最为基本的方式。举例来说，在学习任务完成和意义建构方面，以及在寻求教师外部帮助和指导方面，学习小组的成员必须共同交流和商榷。进行协作学习也就是进行交流，学习者关于问题的全部思考，都应该在协作的过程中与群体共享。在学习者个体推进学习进程方面，交流是非常重要的方式。

（4）意义建构。作为教学最终要实现的目标，意义建构是指发现事物的属性，掌握事物的内在规律，探索事物间隐藏的联系。帮助学生通过学习完成意义建构，就是要帮助学生通过学习相关内容，深刻理解学习内容对事物属性的反映，对事物内在规律的反映，以及对事物隐匿关联的反映。

6. 教学设计原则

在建构主义视角下，学习的中心是学生，认知的主体也是学生，学生能够主动对知识和意义进行建构。而在学生进行意义建构的过程中，教师的作用不是对知识进行直接的传递和灌输，而主要是帮助和促进。与传统教学模式不同，在建构主义视角下，教师和学生在学习活动中的地位是与以往不同的，作用也有很大的不同。近年来，为了在教学设计上，建立新的适合建构主义学习理论与学习环境的方法和理论体系，教育技术领域方面的研究者进行了很多研究和探索。理论和方法体系的建立，需要付出大量的时间和努力。不过，目前已经逐渐明确了相关的基本思想和原则，而且这些思想和原则在多媒体和互联网环境下的建构主义学习中，已经被应用到实际的教学设计中。在建构主义视角下，教学设计主要体现出以下六个原则。

（1）强调以学生为中心。在以学生为中心的理念指导下进行教学设计极为重要。因为教学设计围绕不同的中心，出现的结果也完全不同。建构主义认为，要在以下方面体现以学生为中心：在学习过程中，要充分发挥学生的主动性，对于学生的首创精神要有所体现；对于所学知识，要让学生在各种情境中灵活运用，即完成知识的"外化"；要让学生基于行动得到的反馈，找到具体问题的解决方法，即实现自我反馈。上述要素是以学生为中心的体现，包括促进学生首创精神的发挥、帮助学生完成知识外化和帮助学生进行自我反馈。

（2）强调"情境"对意义建构的重要作用。在建构主义视角下，学习活动不能脱离实际情境，这关系到特定的社会文化背景。在情境中学习，有利于学习者在学习新的知识和经验时，充分利用既有经验和认知能力进行同化和索引，完成对于新知识的意义建构。如果新知识不能被既有经验同化，就需要通过顺应完成学习，改变和重建既有的认知结构。在建构新知识的意义时，必须经过"同化"或"顺应"。传统教学模式下，学生出现难以完成知识意义建构的问题，就是因为学习中缺乏生动、多样的实际情境。

（3）强调"协作学习"对意义建构的关键作用。在建构主义视角下，在理解学习内容，也就是建构知识意义方面，学习者和身边环境的相互作用起着非常重要的作用。在建构主义理论中，这是核心概念之一。通过教师的组织和引导，学生以学习群体的方式共同参与交流和讨论。在学习群体中，学生对不同的观点、假说、理论和信仰一起进行批判性的考察，对问题进行协商和辩论，先通过内省式的商讨，即内部协商确定自身认为正确的观点，再向其他成员公开说明自己的观点、论据和背景材料，同时评判并分析他人的观点，即相互协商。在协作学习模式下，新知识意义的建构不是由个体或少数人完成的，学习群体可以共享包括教师在内的所有学习者的思考成果和思维方式，共同建构新知识的意义。

（4）强调对学习环境（而非教学环境）的设计。建构主义理论认为，学习环境应该适合学习者进行自由、自主的探索。为了完成学习目标，学习者可以对学习环境中的各种信息和工具加以利用，如书籍、文字资料、音像制品、网络资料、多媒体课件等。学生在这个环境中得到的帮助和支持不仅可以来自教师，也可以来自其他学生。对于学生的学习行为，教师不能严格控制和支配，而应该给予支持和促进，学习环境的作用就是支持和促进学生的学习。在建构主义视角下，教学设计针对的对象不是教学环境而是学习环境。这是因为教学中更多包含着控制和支配的意味，而学习中更多体现着自主和自由的风格。

（5）强调利用各种信息资源来支持"学"。在学生的学习过程中，教师要提供给学生其所需要的信息资源，例如不同的教学资料和各类媒体素材等，以帮助学生进行探索并建构意义。这些资料和媒体素材的用处，不是帮助教师进行知识的讲解和演示，而是为学生的探索和协作学习提供帮助。在这个过程中，学生最需要教师给予的帮助是获取信息资源的渠道和方法，以及对信息资源进行有效利用的办法。

（6）强调学习过程的最终目的是完成意义建构。建构主义的学习理论认为，认知的主体是学生，学生能够主动进行意义的建构，因此，学习过程最终是为了让学生能够完成知识意义的建构。教学设计的起点一般不是教学目标的分析，而是创设能够支持学生建构意义的情境。教学设计的整个过程要时刻以意义建构为中心展开，所有的学习活动，包括教师辅导、学生个人探索和小组协作学习都应该以此为中心，要能对学生建构知识的意义有促进和深化方面的帮助。

（二）建构主义教学模式及其方法

与建构主义学习理论以及建构主义学习环境相适应的教学模式为：以学生为中心，在整个教学过程中教师起组织者、指导者、帮助者和促进者的作用，利用情境、协作、会话等学习环境要素充分发挥学生的主动性、积极性和首创精神，最终达到使学生有效地实现对当前所学知识的意义建构的目的。在这种模式中，学生是知识意义的主动建构者；教师是教学过程的组织者、指导者，意义建构的帮助者、促进者；教材所提供的知识不再是教师传授的内容，而是学生主动建构意义的对象；媒体也不再是帮助教师传授知识的手段、方法，而是用来创设情境、进行协作学习和会话交流，即作为学生主动学习、协作式探索的认知工具。显然，在这种场合中，教师、学生、教材和媒体四要素与传统教学相比，各自有完全不同的作用，彼此之间有完全不同的关系。但是这些作用与关系也是非常清楚、非常明确的，因而成为教学活动进程的另外一种稳定结构形式，即建构主义学习环境下的教学模式。

在建构主义的教学模式下，目前已开发出的、比较成熟的教学方法主要有以下几种。

1. 支架式教学

支架式教学被定义为：支架式教学应当为学习者建构对知识的理解提供一种概念构架（conceptual framework）。这种框架中的概念是为发展学习者对问题的进一步理解所需要的，为此，事先要把复杂的学习任务加以分解，以便于把学习者的理解逐步引向深入。

支架原本指建筑行业中使用的脚手架，在这里用来形象地描述一种教学方式：儿童被看作是一座建筑，儿童的"学"是在不断地、积极地建构着自身的过程；而教师的"教"则是一个必要的脚手架，支持儿童不断地建构自己，不断建造新的能力。支架式教学是以苏联著名心理学家维果斯基的"最近发展区"理论为依据的。维果斯基认为，在测定学生智力发展时，应至少确定儿童的两种发展水平：一是儿童现有的发展水平，一种是潜在的发展水平，这两种水平之间的区域称为"最近发展区"。教学应从学生潜在的发展水平开始，不断创造新的"最近发展区"。支架教学中的"支架"应根据学生的"最近发展区"来建立，通过支架作用不停地将学生的智力从一个水平引导到另一个更高的水平。

支架式教学的组成环节有以下五个。

（1）搭脚手架——以目前的学习主题为中心，在"最近发展区"原则的指导下，进行概念框架的搭建。

（2）进入情境——让学生进入某种问题情境。

（3）独立探索——让学生凭借自身能力进行独立探索。具体内容有：根据给定的概念，对其各种属性进行确定，同时根据问题的重要程度进行排序。在探索开始阶段，教师要对学生进行引导和启发，帮助他们学习进行独立分析。在探索过程中，教师要及时给予学生提示，以让其能够顺利地在概念框架上继续攀爬。

（4）协作学习——学习小组成员一起协商和讨论。通过讨论，和所学概念有关的、之前确定的各种属性可能会变多，也可能会变少，其重要性排序可能也会发生变化。讨论开始之前，组内成员可能对问题有不同看法和多种态度，通过讨论，复杂的情况会变得明晰一致。通过对学习小组思维成果的共享，学生对所学概念可以获得较为正确和全面的理解，实现新知识意义的建构。

（5）效果评价——评价学习效果一方面由学生的自我评价，另一方面由学习小组对每个成员的评价组成。评价内容有成员自主学习能力、在小组协作学习中的贡献情况和知识意义建构的结果等方面。

2. 抛锚式教学

这种教学开展的基础是真实的、极具感染力的问题或事件。对教学所用真实问题或事件进行确定的过程就是"抛锚"，这个比喻非常形象，轮船会随着锚被抛入水中而固定，教学内容和进程也会随着所用问题和事件的确定而确定下来。在建构主义视角下，学习者只借助于听教师的说明和经验讲解，是无法真正建构起知识的意义的，是无法真正理解知识对事物属性、规律以及事物之间各种联系的反映的，学习者应该通过体验和感受从真实环境和现实世界中获得直接经验。抛锚式教学中的"锚"是真实问题或事件，要以此为基础，因此，这种教学方法也被称为"实例式教学""情境性教学"和"基于问题的教学"。

抛锚式教学的组成环节有以下五个。

（1）创设情境——学习的情境要基本符合现实情况，或者与之类似。

（2）确定问题——在上述情境中，将与所学内容关系密切的真实问题或事件选择出来，以此作为学习的中心内容。确定问题的环节就是"抛锚"，"锚"就是被选择的真实问题或事件。

（3）自主学习——教师不应该把解决问题的办法直接告诉学生，而要提供一些相关线索，帮助学生寻找解决问题的方法，尤其要重视学生自主学习能力的培养。

（4）协作学习——学习小组成员进行交流和探讨。在这个过程中，成员对不同观点进行了解，对问题的理解进行补充、加深或修正。

（5）效果评价——抛锚式教学中，解决问题的过程即学习的过程。学生的学习效果可以直接地在这个过程中反映出来。所以，教学评价的进行只需要观察并记录学生在学习中的表现，而无须在教学过程外再设置测验。

3. 随机进入教学

现实中，事物和问题往往是复杂和多面的，要想深入全面地把握事物的内在属性、规律和事物之间联系，对所学内容做到全面深刻的理解，有很大的难度。所站角度不同，人们对事物的理解也不一样。在教学中，为了尽量避开这个问题，对相同的学习主题，可以进行不同维度的呈现，包括时间、情境、教学目的和方式等。学习者面对相同的学习主题，可以选择各自偏好的方法和途径展开学习，最终也会获得对该学习主题不同的认识和理解，即"随机进入教学"。在这种方式下，学习者对于相同的学习主题会从不同的角度多次进行学习，最终对知识的理解和把握也更加全面深刻。需要注意的是，与传统教学模式不同，上述多次进入和学习并不是在简单地重复、巩固普通的知识和技能。学习者每次进入学习主题，学习目的和研究重点都是不同的。最终的结果，也不是单纯对相同的知识内容进行重复和巩固，学习者通过这个过程会进一步认识并理解事物的全貌和本质。

随机进入教学主要环节有以下五个。

（1）呈现基本情境——将与学习内容有关的情境提供给学生。

（2）随机进入学习——学生以随机的方式进入学习，学习情境根据学生所选内容而定，反映学习主题的各个侧面和不同特性。教师在学生的学习过程中，应该重点培养并提升学生的自主学习能力，逐渐引导学生学会自主学习。

（3）思维发展训练——在随机进入学习的方式下，涉及的内容和问题会更多、更杂，而且来自不同的方面，所以，教师在学生的学习过程中，还要注意学生思维能力的培养。

（4）小组协作学习——小组成员在呈现问题不同方面的情境中，获得个体认知后，需要在小组中自我表达并参与小组讨论。在社会协商环境下，包括教师在内的小组成员对每位学生的观点进行评判，并对成员观点进行思索，鼓励学生勇于发表不同的看法。

（5）学习效果评价——既包括自我评价，也包括小组评价。评价内容涉及成员自主学习能力、在小组协作学习中的贡献情况和知识意义建构的结果。

二、混合式学习理论

目前关于混合式学习（blended learning）的定义并没有一致的看法，最简单的理解认为，混合式学习是将网络化学习（e-learning）与传统的课堂学习相混合。有学者认为：混合式教育就是把传统的教师与学生面对面教学的优势和网络化学习的优势结合起来，从而取得最优化学习效果的学习方式。还有学者对混合式学习提出了两个经典的定义：混合式学习注重恰当的教学技术与恰当的个人学习风格相匹配，以便在恰当的时间将恰当的技能传递给适当的人。这个定义揭示了混合式学习的核心，即为了实现教学效果的最优化，在教学内容、方式、环境、评价等维度上进行混合，从而具备多种元素的整合优势。

翻转课堂出现之后，经常与混合式学习联系在一起，甚至相提并论。根据上述对翻转课堂内涵的分析，可以认为翻转课堂就是一种混合式学习，而且为混合式学习的实现提供了一种切实可行的模式；认为翻转课堂可以充分发挥混合式学习的优势，实现信息技术与教学方法的深度融合。

首先，在教学理念和教学方法上，翻转课堂体现了多样综合的教学理论和方法。翻转课堂综合体现了"获取观"和"参与观"两种学习观、"教学认识论"和"教学交往论"两种教学本质观，以及"讲授法"和"探究法"两种教学方法。不同于传统上执着于某种教学理念和方法孰优孰劣的问题，翻转课堂作为一种混合式学习能够综合多种教学理念和方法的优点，具备理论的合理性和实践的可操作性。

其次，在教育目标上，翻转课堂的课前视频学习主要是以内容学习为主，重点在于帮助学生记忆和理解相关的知识；课中的问题解决或者合作探究主要是以能力发展为主，重点在于帮助学生发展高阶的认知能力，或者实现情感和心理运动领域的教育目标。因此，翻转课堂是内容学习和能力发展的混合。

最后，在学习空间上，翻转课堂的课前视频学习主要是学生在线学习的形式，课中环节主要是在传统的线下课堂进行的。因此，翻转课堂是线上和线下学习的混合。翻转课堂的视频学习主要是在教室之外进行，课中合作探究主要是在教室之内完成。也有部分翻转课堂的课中环节并不一定发生在教室内，而是会根据教学需要选择在其他场所进行。例如医学专业的翻转课堂教学，线下部分可能会直接选择在医院。还有一些课程可能会选择在野外、博物馆等地方进行。因此，翻转课堂的课堂并不一定局限于教室，而是会根据教学需要，混合教室内外的教学场所。

除了上述三个方面之外，翻转课堂还在其他方面实现了混合。例如在学习阶段上，翻转课堂是课前课中课后学习的混合；在学习形式上，翻转课堂是个体学习和团体学习的混合；在教学评价上，翻转课堂是过程性评价和总结性评价的混合；等等。

总之，翻转课堂作为一种混合式教学，充分体现了现代教育综合和多样化的重要特征，也为信息技术深度介入教学过程提供了一个绝佳的切入点。翻转课堂通过视频的形式把知识教学部分移出到课外、课前、线上，让学生以个体的方式自学完成。这部分在线教学的内容可以充分利用多媒体技术、大数据技术、学习分析技术、直播技术、移动互联技术来提高教学效果。从而通过技术的力量解放课堂，把线下课堂时间用于进行有意义的学习和深层参与。线下部分也可以通过实时应答、交互式白板、多屏互动、无线投屏、表情识别等信息技术，促进教学互动、改善课堂质量。因此，翻转课堂通过线上线下等多维度的混合，把信息技术的优势贯穿、融合于整个教学的全过程，能够真正做到在恰当的时间将恰当的技能用恰当的方式传递给恰当的人，从而实现教学的最优化。

三、教学指导理论

教师指导是最常见的教学方法，在翻转课堂中，教师同样需要进行大量的指导。教育心理学家普遍认可教学指导在学习中的积极作用。教师指导能够帮助学生选择相关的输入信息，降低认知负荷，在学习的早中期获取必要的知识，促进认知主动，对学生学习具有重要的作用。

教学指导的一种重要形式是教学解释。有学者通过综述已有的研究结果，总结了有效教学解释的原则。有效的教学解释应该结合学生的先前知识水平。任何有效的教学都必须以学生的个体特征尤其是先前知识为基础，这是学者普遍同意的观点。基于学生特定需要的教学解释能够最大地激发学习潜力，帮助学生建构出相关的心理表征，修补理解，消除错误概念，并促进新旧信息之间的联结。有效的教学解释应该整合到学生正在进行的认知活动中。根据建构主义学习理论，学生在学习中是否进行积极主动的认知活动是教学的关键因素。教师要帮助学生更深入地理解学习材料，有效地建构新知识。那么，教学解释就需要提供信息让学生充分互动或进行应用，提高学生的认知主动。大量研究表明，如果学生有机会在问题解决中应用教学解释的内容，他们会进行更多的自我解释，修正错误的理解，联系新旧知识，保持较高的认知主动，从而形成更深层次的理解。

教学指导的另一种形式是反馈。反馈是指关于学习者表现或理解的任何信息，可以被学习者用来确定、拒绝或者修改自身的先前知识。传统的教学方式主要采用讲授法这种形式的教师指导，教师习惯于从学科知识和自身的角度出发进行讲授，很少能够真正结合学生的先前知识水平进行教学，经常导致出现教学对部分学生太难，对部分学生太容易的现象。此外，传统教学方式的讲授法也往往外在于学生的认知活动。学生只是单向、被动地接受外在信息，并没有太多机会充分互动或者把信息应用于问题解决中，进行更多的自我解释和认知活动，无法形成更深的理解。在教学反馈方面，传统教学方式由于其单向传输的特点，缺乏充分有效的互动和反馈，也限制了其教学有效性。

翻转课堂教学模式也存在教师指导。不过需要指出的是，不少人对翻转课堂存在误解，认为翻转课堂用视频取代了教师教学，就不再需要教师了。其实翻转课堂也存在大量的教师指导或者讲授。首先，翻转课堂的视频部分所对应的就是传统教学方式的课堂讲授部分。所不同的是，在传统方式中，教师是在课堂讲授；在翻转课堂中，教师是在视频中讲授。其次，在翻转课堂中，教师在课堂上也会进行直接指导和讲授。但是不同于传统方式的讲授，翻转课堂的课上讲解是基于学生的问题进行的。对于学生学习完课前视频之后已经掌握的知识，教师不需要再讲解。对于学生学习完视频之后还存在的问题和困难，教师会进行有针对性的解释和指导。因此，这种教师指导是基于学生的先前知识水平、能够对学生错误作出及时反应并相应调整，而且是真正整合到学生正在进行的认知活动中。在课堂问题解决中，教师根据学生的问题回答情况，提供适当、及时的反馈和指导，能够让学生及时识别错误，促进他们更好地建构认知图式、形成深层理解，从而取得较好的教学效果。

四、自我决定理论

自我决定理论认为个体存在三种基本的认知需要：胜任、自主和关系。学生需要掌握能够帮助在某个社会情境中获得成功的知识、技能和行为来感知自身的胜任力，需要感知到控制力和独立性，需要在特定情境中感知到归属于某个社会组织或与某个社会组织存在关系。自我决定理论还区分了两种学习动机：内在学习动机和外在学习动机。内在学习动机是指个体的行为是由内在的兴趣或喜好驱动的，而外在学习动机是指个体的行为是由外在的结果（如奖励）驱动的。

根据自我决定理论，学习环境是否满足个体基本的认知需求决定了个体具有什么样的学习动机。个体在某个社会情境中的行为如果让他感到胜任力，而且这种行为是自主决定的，那么这种行为的内在动机就会得到提高。尤其是如果个体在该社会情境中还能够感知到安全感和关联性，那么这种内在动机则会更显著提高。

在传统的课堂讲授模式下，教学经常被批评是一种被动的、单向的、传输信息的行为。教师是课堂的掌控者，教学的目标、内容、方法、进度、评价等所有的教学环节基本上都由教师决定，学生没有发言权。课堂是教师表演的舞台，学生只需要安静地坐着听教师讲课，认真做笔记就行。在这种环境中，学生很难感知到自主和胜任力，相反，更多的时候是教师感知到自主和胜任力。而且在这种单向的讲授之中，师生、生生之间很少进行互动、交流、合作、交往，学习更多是个体的事情，而非团体合作的结果，学生很难感知到关联性和归属感。因此，接受传统教学方式的学生比较容易表现出外在的学习动机。尤其是在学习内容比较复杂或者要求较多概念性、创新性加工的时候，学生的学习效率往往较低。

而在翻转课堂中，学生是学习的中心，他们在课堂上积极参与活动、回答问题、分享知识，能够较好地满足自主和胜任的需要。而且在积极主动的参与中，很多时候是以小组互动的形式进行的，教师对学生的情感、学习和社会需要能够有更好的理解和反应，学生更能感知到师生和生生之间积极正向的关系，他们的行为能够为同伴和教师所重视、认可和鼓励。因此，翻转课堂能够创建一个学习环境，满足学生自主、胜任和关系的需要，从而促进学生的内在学习动机。

第三节　翻转课堂教学实施与评价

一、翻转课堂的教学理念

翻转课堂是信息化社会的产物，该教学模式的教学理念与传统教学模式存在一定的区别。翻转课堂的教学理念主要体现在两个方面：一是让每个学生能按照自己的学习步骤进行学习；二是互动的个性化指导，当两个核心理念相互配套转化为方法论时，就形成了以学生为中心的人性化课堂。

除此之外，翻转课堂还体现出课前知识学习与课中、课后知识内化以及让学生的学与学生的日常生活方式相一致等理念。翻转课堂与传统教学模式在相关教学要素方面的区别如表 2-1 所示。

表 2-1　翻转课堂与传统教学模式在相关教学要素方面的区别

教学要素	传统课堂	翻转课堂
教学理念	教师是知识、技能的传递者，以教师为中心，学生在学习过程中处于被动状态	以学生发展为中心，倡导学习过程的自我主动建构，通过创设具有交互功能的教学环境实现学生的个性化学习，促进知识、技能的内化和能力的培养
教师	知识、技能的传授者	学生学习的引导者、服务者和促进者
学生	被动学习	主动学习

续表

教学要素	传统课堂	翻转课堂
教学形式	以教定学，通过无教师指导的课前预习、课中教师讲解与示范、课后学生做练习来强化知识与技能的内化的统一化教学	以学定教，通过有教师指导的课前学习、课中教师的针对性讲解和师生共同探究、课后总结反思来强化知识与技能的内化的个性化教学
信息技术应用	以 PPT 为主要形式，在课中向学生直观展示教学内容	综合应用微视频、PPT、3D 动画、文字材料等教学资源，通过在线网络，在课前向学生直观展示教学内容，以 PPT 为主要形式在课中向学生直观展示教学内容
师生交流	课前、课中、课后交流较少	课前、课中、课后交流互动频繁
评价方式	从评价主体、评价内容到评价方法的单一化评价	从评价主体、评价内容到评价方法的多元化评价

资料来源：笔者整理。

当今社会已经高度信息化，手机、电脑以及相关的电子设备已经高度融合到人们的日常生活当中，并成为学生获得知识和技能不可缺少的重要工具。翻转课堂在教与学的过程中非常注重信息技术平台的搭建和利用，而不再像传统教学模式那样把讲解和示范看作教学的全部。传统教学模式受课堂容量的限制，知识与技能的传授几乎占据整个课堂，这种以教师为中心的教学形式很难达到提高兴趣、端正态度、发展个性、培养能力的目的。相比传统教学模式，翻转课堂通过搭建在线虚拟网络教学平台营造良好的学习环境，注重课前、课中和课后的师生交流，教师不再通过满堂灌输来实现教学，取而代之的是以问题为导向的针对性讲解、示范，以及对学生各种探究活动的组织和引导，学生也不再是静听者，而是各种学习活动的参与者，探究、交流、实践、成果展示等成为课堂的主要组成部分，师生在和谐的氛围中实现教学与学习过程，这不仅有助于学生知识、技能的掌握和深度内化，有助于学生学习兴趣的培养和综合能力的提高，还有助学发展学生个性的发展以及因材施教的实现。

二、翻转课堂的教学目标

　　教学目标是对教学活动预期结果的标准和任务的规定或设想，是教学的出发点和归宿，具有指向、激励、标准等作用。教学目标设计要贯彻遵循"以学习为中心、以学定教"的教学理念，学的起点决定教的起点，学习目标决定教学目标。从教学结构来看，翻转课堂模式下学生的学习分为课前、课中和课后三个阶段，不同教学阶段的教学目标明显不同，由于教学目标要遵循"以学定教"教学理念，既然学生的学分为课前、课中和课后三个阶段，翻转课堂模式下的教学目标也可以依据教学结构的不同分为课前教学目标、课中教学目标和课后教学目标，三个层次从上到下依次制约，各个层次的教学目标都涉及"认知领域""情感领域"和"技能领域"，只是会因教学内容、教学任务等方面的不同而以某个领域为主。

　　为了使教学目标在教学实际中便于设计，翻转课堂模式下的三类教学目标都可再分为班级教学目标、小组教学目标和个人教学目标，具体如下。

　　处于第一层次的是班级教学目标，主要依据课程的性质、教学大纲、学生特点、教学任务等制定。班级教学目标要难度适中，以保证班级教学目标的基本实现和课程教学有序实施。难度过高，就会影响教学进度；难度过低，则难以引起学生的学习兴趣。

　　处于第二层次的是小组教学目标，主要是任课教师依据小组的整体学习情况以及小组成员的整体需求所制定的教学目标，这种教学目标的基本实现方式是小组成员的协作学习，教师给予监督和必要的指导。翻转课堂注重分组教学，学习小组成为学生合作探求、协作交流的重要组织形式，学生在学习中存在的问题要争取在小组内部解决，小组解决不了的由小组长通过与任课教师在线交流的形式解决，也可以带到课堂由教师当面解决。针对不同学习小组的特点，任课教师要制定出有差异的小组教学目标，这既可以引导各个小组成员之间加强交流与协作，又可以促进学生对新知识的掌握。

处于第三层次的是个人教学目标，主要依据学生的个人特点、学习情况及学习需求等制定。在教学的实际中，有的学生能够轻松达到班级教学目标，也有少数学生难以达到班级教学目标，任课教师又不能因为个别学生而影响教学计划的正常进行，为了让能力强的学生得到进一步的提高并让能力差的学生跟上教学进度，这就需要教师依据学生实际制定出个人教学目标。

三、翻转课堂的实施条件和教学策略

（一）翻转课堂的实施条件

特定的教学模式，往往需提供特定的支持条件。在实施条件较为完备的情况下，翻转课堂的实施效果才更有保证。总体来看，翻转课堂的实施条件主要包括以下六个部分。

1. 完备的网络教学设施

翻转课堂由在线网络教学平台和实际课堂两个平台共同构成，最终实现了信息技术与教学过程的深度融合。在线网络教学平台的构成包括网络教学设施的硬件和软件两个部分，硬件主要包括计算机、智能手机等电子终端，软件主要指的是网络教学系统。教学资源的上传、在线测试、师生和生生之间的评价、作业的发布、教师对学生学习状况的了解和监督等都离不开网络教学设施的支持，这是该模式实施的前提条件和基础。随着互联网、电脑、智能手机等在高校的普及以及各个高校对多媒体教室建设力度的加大，我国普通高校的网络教学设施正在逐渐完备，这为翻转课堂教学模式的实施提供了有力的支持。

当前，可供选用的网络教学系统较多，例如 Canvas API①、Moodle② 等都可以作为网络教学系统形成在线网络教学平台，有些学校已经引入较为成熟的网络教学系统并在全校范围内开始实施。例如，北京邮电大学、复旦大学、上海交通大学、河南理工大学等已经开始广泛使用 Sakai③ 网络教学系统作为在线网络教学平台以辅助日常教学。在线网络教学平台一般又分成不同的模块，各个模块分别具有不同的功能。综合来看，各种网络教学系统所形成的在线网络教学平台，主要由教学资源上传模块、师生交流答疑模块、在线测试评价模块、学生信息资料模块、作业发放回收模块、问题讨论模块、学生成果展示模块以及通知发放模块等组成。

2. 专门的师生培训

各级各类的教学都是随着社会的发展而处于动态发展之中的，因而专门的教师培训需要持续进行，教师只有与时俱进地提高自己才能胜任教学工作。在一种新的教学模式实施之前，对教师的专门培训也是必不可少的，教师只有真正领会新模式的教育教学理念、

---

① Canvas API（画布）是在 HTML5 中新增的标签，用于在网页中实时生成图像，并且可以操作图像内容，基本上它是一个可以用 JavaScript 操作的位图（bitmap）。

② Moodle 是一个开源课程管理系统，也被称为学习管理系统或虚拟学习环境。它已成为深受世界各地教育工作者喜爱的一种为学生建立网上动态网站的工具。

③ Sakai 是一个自由、开源的在线协作和学习环境，由 Sakai 成员开发和维护。它能提供一组软件工具来帮助研究院校、商业组织和自主群体创建一个用于协作的网站。Sakai 的协作和学习环境是一个免费、共享代码的教育软件平台，主要用于教学、研究和协作，是一个类似于 Moodle 的课程管理、学习管理系统以及虚拟学习环境。

实施条件、实施办法及要求等，这一新模式才能被有效实施于相关课程的教学之中。

翻转课堂作为一种全新的教学模式，在教学理念、教学目标、教学设施、实施步骤、评价方式等方面都出现了全新的改变。对教师来说，要想成功实施翻转课堂，需要其在教育教学理念、教师角色、教学设计、教学组织管理方式、教学方法手段等方面进行全方位的适应和转变，对其计算机操作能力、教学资源的开发和整合能力、沟通交流能力、知识结构、专业素养等都提出了更高的要求，教师从传统的讲解示范模式转变到全新的教学模式，在不经过专门培训的情况下，要成功实施翻转课堂几乎是不可能的。对学生来说，"教师讲学生听、教师示范学生模仿"已经成为教与学的定式，而新的教学模式下，教学与学习时间已被重新分配，知识传播的载体和传播方式发生了改变，学生的学习由被动转变为主动，并要求学生课前利用在线网络教学平台进行自主学习，如何操作网络教学系统，进行自主学习时有哪些技巧，如何进行自我评价等，这些技能是必须经过培训的，学生同样需要一个适应的过程，否则，学生面对新的教学模式会不知所措，翻转课堂的教学效果便无法保证。

3. 专项资金和技术的支持

翻转课堂模式下，教学视频的制作、师生的培训、网络教学系统的购置和管理等都离不开资金和技术的支持。已有研究提出，高质量授课视频的缺乏是影响翻转课堂教学效果的重要因素。教学视频既要短小精悍、清晰全面，又要重点突出、具有较强的吸引力。可见，教学视频的制作并不是件简单的事情，必须要经过多次的录制和剪辑才可能符合要求，若没有专项资金或技术支持，单靠教师个人很难做出高质量的视频，这势必会影响到翻转课堂的实施。

4. 学校教学管理部门的支持

学校有专门的教学管理部门，并制定有专门的教学工作管理规定，甚至还有资深教师组成的教学督导小组。现有的各种教学管理规定虽然为教学的开展提出了明确的要求，却也为新型教学模式的实施制造了障碍。翻转课堂在教学结构、教学程序、课堂的组织与管理、教学效果的评价等方面超越了传统教学管理的规范性要求，在课堂组织管理方面不再像传统课堂那样始终整齐划一，在教学设计上，课前的自主学习主要发展学生识记、理解这种相对低级的思维能力，并通过自我测试和评价等环节，适当发展学生的高级思维能力；课中主要通过教师的组织和指导，发展学生的应用、分析、综合、评价等高级思维能力。在现有教学管理规定的限制下，这一创新性的教学模式要想得到顺利实施，要得到学校教学管理部门的支持。如果依旧采用传统教学那套管理办法来衡量翻转课堂的效果，任课教师在实施翻转课堂时就会面临较大的困难。

5. 学生高度的学习自主性

先学后教的教学实施程序强调的是学生的学在前、教师的教在后，学是教的前提和基础，如果学生在课前不能自觉按照要求完成学的任务，教师就很难在后续教的过程中达到精简多练的目的，教学就会回归到教师讲、学生听，教师灌输、学生接受的传统教学模式，这就意味着翻转课堂实施的失败。可见，翻转课堂的实施对学生的自主学习能力和学习的自觉性高度依赖。教学实践中，为了建设在线网络教学平台、创设良好的网络学习环境吸引学生参与课程学习，从教学平台界面的设计到教学内容模块的合理切割，从教学目标的确立到教学资源的精心制作和收集整合，从在线测试题目的确定到学生完成后的教师评价等，教师往往需要花费很大精力，每一项工作的开展都会考虑学生自主学习能力和学习自觉性的培养，只有这样，翻转课堂的持续开展和教学效果才能有所保证。

教学实践证明，学生上课的目的和需求存在巨大的差异，学生的自主学习能力和学习的自觉性方面也有较大的不同，完全依靠学生自己自觉完成学习任务几乎是件不可能的事情。因此，在实施翻转课堂的过程中，我们必须寻求一种科学的、用于对学生在线学习情况进行跟踪和监控的手段。跟踪的目的是及时了解学生在学习过程中所存在的问题以及不同学生在学习能力上的差异，以便任课教师更好地解决这些问题、对不同学生因材施教，并改善后续的教学设计；监控的目的是了解学生的学习情况，特别是对于那些自主学习能力和学习自觉性较差的学生进行及时督促和管理，从而促使其自主学习能力和学习自觉性得以提高。

6. 任课教师对不同学生的充分了解

课程的实施，首先需要确立明确的教学目标，然后通过教学设计和课堂组织管理，在师生的共同努力下去实现教学目标。制定科学合理的班级目标、小组目标和个体目标的前提是任课教师对不同学生充分了解，这对任课教师来说既艰巨又重要。教学目标对学生来说就是教师所要求的学习目标，翻转课堂是一种个性化教学模式，而个性化教学实现的前提是充分地了解学生，否则该模式下教学目标的科学性、合理性便无法得到保证。翻转课堂的教学目标分为班级目标、小组目标和个体目标三种基本形式。班级目标是全部教学对象都要完成的目标，小组目标和个体目标是任课教师依据不同小组和不同个体的实际情况所制定的学习目标。了解学生的途径很多，像谈话、活动、观察、测试、问卷调查、小组评价、学生自评、自我介绍、家长沟通等都可以达到了解学生的目的，教师还可以将这些手段综合起来达到彻底了解某一学生的目的。事实上，无论采用什么教学模式进行教学，充分了解学生都应该是对教师的基本要求，否则，不管教师的讲解和示范多么精彩，教学的针对性和实效性都无法得到保证。

（二）翻转课堂的教学策略

教学策略广义上包括教的策略和学的策略，狭义上指的是教的策略，本书主要从狭义上分析翻转课堂的教学策略。国内对教学策略的界定存在差异，陈建绩（2002）把教学策略界定为："对完成教学任务而采用的教学活动的准备、教学行为和媒体选择等因素的总体考虑。"龚正伟（2004）则把教学策略界定为教师对有效地完成特定教学目标而采用的教学程序、方法、形式和媒体等因素的总体思路、谋略或智慧，并依据教学策略的构成因素分为内容型策略、形式型策略、方法型策略和综合型策略四种。还有观点认为，教学策略是为了达成教学目的完成教学任务，而在对教学活动清晰认识的基础上对教学活动进行调节和控制的一系列执行过程。肖刚（2000）在研究中指出，教学策略是教学设计的有机组成部分，是在特定教学情境中为适应学生学习需要和完成教学目标而作出的、随情境变化而进行调整的教学谋划和采取的教学措施，并根据教学策略的内容把教学策略分为组织策略、陈述策略和管理策略三部分，组织策略解决的主要是呈现什么教学内容以及如何呈现的问题，陈述策略解决的是教学媒介和教学分组问题，而管理策略解决的是对人力和物力的高效利用问题。由于教学策略的制定贯穿了整个教学设计，所涉及的内容繁多，我们在对其分析之前，首先要考虑到科学性和实用性，忽视了这两点，其结果必然对教学实践指导性不强。

基于此，我们在对翻转课堂的教学进行分类和分析的时候，就需要另辟蹊径，尽力找出最能体现翻转课堂特征的、最有利于指导翻转课堂实践的分类方法，这样才更有意义。

翻转课堂颠倒了传统课堂的教学程序，并把整个教学过程分为课前、课中和课后三个部分，学生课前通过在线网络课堂进行自主学习，教师依据学生课前的学习情况在课中进行必要讲解和示范，课后学生反思学习过程和学习效果，教师总结教学过程和教学效果并完善后续的教学设计。教学策略是贯穿于整个教学过程的，由于课前、课中和课后制定的教学目标和需要完成的教学任务存在差异，故而在这三个阶段教师所采用的教学策略也有区别。考虑到教学策略与教学实施的同步性，我们可以宏观上将翻转课堂的教学策略分为课前教学策略、课中教学策略和课后教学策略三种，每一种教学策略又包含着不同的具体策略。

课前教学策略：课前在线教学平台的建设策略；课前教学目标的制定策略；课前教学内容模块的切割策略；课前教学过程的组织管理策略；课前在线教学效果的评价策略。

课中教学策略：课中教学目标的制定策略；课中教学内容的安排策略；课中教学过程的组织管理策略；课中教学效果的评价策略。

课后教学策略：教学设计与改善策略。

教学策略的应用是为了调控和优化教学过程，从而达成预期的教学目标和教学效果。翻转课堂模式下，运用各种教学策略的根本原则在于科学处理教学目标、学生、教学平台（在线教学平台与课堂）、教学内容、教学实施等各种教学要素之间的关系，充分发挥学生学习的积极性，促使学生在课程教学的不同阶段如期达成预定的教学目标。

四、翻转课堂活动设计

（一）翻转课堂活动设计概述

在传统课堂教学中，教师通过讲授来帮助学生识记和理解。因此，课堂教学的核心活动是教师讲授，而在翻转课堂教学中，昔日教师的讲授，现在都由教学视频代替了。那么，当教师走进现在的翻转课堂该如何做，课堂教学活动和学习活动应该如何设计，这是一线教师在实践中感觉最为困惑的地方。既然学生在课前已经完成知识的认知和理解，那么，昔日需要通过大量的课后作业来完成的知识应用训练以及现在强调的知识"分析、评价、创造"，都要在课堂教学环节中解决。

从传统的课堂教学过渡到翻转课堂教学，对教师和学生都提出了新的要求。相比于传统课堂，翻转课堂更注重课堂中师生之间、学生与学生之间的协作和互动，对于教师来说，教学过程中不仅仅要肩负"传道授业"的职责，还要负责课堂上协作、互动活动的设计和引导，这对于习惯了传统教学方式的教师来说，是个不小的挑战。翻转课堂教学要求学生在课堂学习前要进行一定的课前学习，并掌握一些"碎片化"的知识，这样就可以在课堂上通过各种各样的协作、互动整合这些"碎片化"的知识，促使学生将知识内化、吸收。翻转课堂教学的课前学习对学生自主学习的意志和能力有一定的要求。翻转课堂前，学生充分自主学习；翻转课堂中，教师为学生"传道授业""答疑解惑"，师生以协作和互动的方式共同对知识本身以及其应用进行研究、商榷、探讨，只有这样，翻转课堂教学才能取得良好的效果。教师对翻转课堂活动的设计应该包含以下五个重要环节。

（1）课堂上所需探究问题的确定。翻转课堂是一种师生共同参与的教学方式，课堂上具体需要对哪些问题展开探究，同样也需要师生共同确定。由于教师对学生即将学习的知识，理解和掌握更加深入、透彻、全面，因此，在确定课堂上需要探究的问题这个环节中，教师应从学生所学知识的角度出发，找出教学内容中的重点、难点，并把这些重点、难点整理成适于课堂探讨的问题，而学生则应从课前学习中、教学视频的观看以及在和同学的交流探讨中，总结一些自身无法解决的并且希望教师和同学给予帮助、解答、印证的问题。课堂上教师应负责组织学生以小组的形式展开对这些问题的讨论和探究。提出翻转课堂上要探究的问题，是翻转课堂设计的基础环节，是翻转课堂设计的第一步，同时也是翻转课堂设计中最难跨出的一步。由于习惯了传统课堂教学中填鸭式的被动学习方式，学生必然会存在一定程度的个体思维习惯和性格，缺乏质疑精神，既不善于发现问题，也不愿意提出自身在学习中遇到的问题。对于这种情况，教师应做到循循善诱，多给学生一些鼓励和引导，帮助学生养成质疑精神、发散思维以及发现问题、提出问题的良好学习习惯。此外，教师在对课堂上需要探究的问题进行整理时，还可以向学生求助，和学生们一起找出当前亟待解决、重要程度最高、探讨必要性最强的问题。此外，教师在挑选问题时，还要考虑到课堂时间的限制。

（2）以分组讨论的方式对问题展开合作探究。课堂中师生间、学生与学生间的协作和互动是翻转课堂的精髓所在，对于解决的问题，可以以小组协作的方式展开讨论和探究。教师引导学生组成讨论小组，每个小组的人数最好控制在 4~6 人的范围内，每个小组在推选出来的小组长的带领下，通过内部讨论形成统一的意见或答案。小组在得到需要探究的题目后，要组织开展讨论、交流和协作，每个成员都要参与进来，提出自己的想法、意见、答案、观点。每个小组在对本组需探讨的问题上，得到统一意见和答案之后，还可以对其他小组的问题展开探究。在分组探讨过程中，教师应对整体局面进行把控，并为每组学生提供适当的指导。如果小组内部对自己负责探究的问题无法得到统一的意见和答案，或是无法解决问题时，应及时向教师反映，教师可以组织全班同学对该组的问题进行集体探究。"人人参与"是以分组讨论的方式对问题展开合作探究这一环节的核心原则，但在传统课堂向翻转课堂转变的过渡期是很难真正实现的，这个阶段可以先让表达能力强的学生作为代表，进行观点、意见的阐述，为还没有适应翻转课堂形式的同学起到示范作用，当同学们都适应了翻转课堂的学习方式后，就要贯彻落实"人人参与"的原则，防止有学生"被代表"（卢强，2013）。

（3）小组探究成果的展示。每个小组在经过内部讨论形成统一的意见或答案后，应把该探究成果展示出来，供全班师生共同探讨，把自己的学习收获分享给其他同学，让其他同学帮助印证小组探究成果的正确性。在此过程中，教师应适当地参与组织和引导，必要时加以补充，但不能过度参与，避免发生教师"一言堂"的情况。

（4）教师总结。在完成探讨后，教师应作出总结，并为学生布置新的任务。教师在进行总结时，对于不完善的探究答案要给予补充，对于方向错误的探究结果要给予更正说明。总结过后，教师应对学生的学习情况进行一定的整理、归纳和分析，设计新的课堂教学方案，并为学生布置新的学习任务。

（5）达标测评。课堂的最后5~10分钟可以用来对学生进行达标测评，达标测评的难点要合适，保证学生在完成学习任务的前提下可以顺利完成达标测评。这可以理解为应试教育环境下翻转课堂实验的一个折中和妥协。可以保证学生在培养、提高创造能力与综合素质的同时，提高学习成绩。

课堂时间是固定的，为保证翻转课堂的效率和效果，教师在设计翻转课堂活动时，要根据难点、重要性、必要性合理地分配学习时间。

（二）翻转课堂教学设计的原则

翻转课堂是一种随着社会经济水平不断发展，科学技术提升所带来的一种新型教学模式，同传统的以教师为主的教学模式相比，有着颠覆性的改革和变化。从高职院校的学生情况来看，高职院校的学生毕业后多从事技术性的岗位，这些技术岗都对身体素质有着较高的要求，良好的身体素质能协助他们更好地为自己的工作提供支撑。因此，如何有效提升高校学生的体育学科学习兴趣，改善学生对体育学科的正确认识，明确学习的目的就显得尤为重要。翻转式教学模式，是一种以学生为主体的教学模式，为有效发挥翻转课堂的教学成效，教师基于翻转课堂教学模式的设计，充分考虑到教学目标、教学内容、学情以及教学方法和教学评估等方面的整体性，应当遵循以下四个原则。

第一，遵循学生为主体。翻转课堂教学模式和教学中心是"先学后教，以学定教"，核心理念为以学生为中心。翻转课堂之所以为"翻转"，就是说将教师和学生的角色定位翻转过来，将传统教学中以教师为中心颠倒成以学生为中心。翻转课堂坚持以实现学生全面和个性化发展为中心，坚持学生为中心不动摇，学生创造性地学、自主地学，符合建构主义的理论。

第二，注重现代技术。翻转课堂教学模式是一种随着科学技术的提高近而新兴起来的教学模式，其主要以现代媒体技术或者网络技术作为支撑，因此必须重视现代信息技术原则。现代飞速发展的科学技术可以为学生节省更多的时间去了解和探索新的技术动作，并了解最新的技术发展动态，能帮助学生全面且有趣地了解更多的体育技术动作背后的来源，有助于帮学生加强对技术动作的认识和理解。

第三，遵循个别化。体育教学是一种围绕动作技能开展学习的过程，而技术动作的重点和难点是体育教学中应该把握的主线。传统的体育教学模式是一种教师在前面进行讲解和示范，用声音和肢体语言来表达动作的要点和难点，学生通过观察和模仿来学习技术动作。这个过程存在不同的学生对技术要点的重点和难点有不同的理解。在翻转课堂教学模式中，学生通过微视频、互相讨论、单独练习的方式，实现"时时、处处、人人"练习的愿景，甚至在学生没有理解的地方可以选择重播或者暂停的形式，帮助学生理解技术动作要领。在课中，教师可以通过观察、学生小组之间讨论的形式针对个别学生的具体情况进行单独的说明和讲解，分析技术动作要领，便于学生更好地理解和掌握动作要领。

第四，重视学生活动。体育教学是一种以身体活动为主的学习过程，教师只是传授者和引导者，并不能代替学生进行活动。在进行教学设计过程中，应该多提供给学生一些练习、谈论的机会，让学生更好地去体验动作技术的完成，寻找正确完成动作的身体体验，帮助身体记住正确的动作类型，形成身体记忆。

（三）翻转式体育课程活动的设计流程

依据体育课程的课程教学特点，有学者研究设计出了翻转式体育课程活动的流程结构图，如图 2-1 所示（毛彬，2017）。

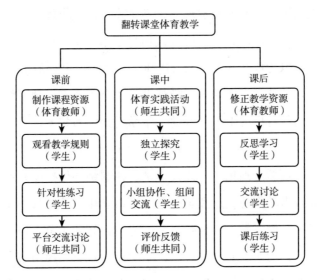

图 2-1 基于翻转课堂教学模式的体育教学活动设计过程

在小组展示方面，小组展示作为体育课程学习中的一项成果检验的方法，也是翻转课堂中的一项非常重要的教学方式。小组展示不仅能够实现师生之间的角色改变，激发学生的学习动机和大胆表达的积极程度，也能够刺激学生之间的良性竞争，使学生充分展示自己的学习成果，实现思维的碰撞，提升课堂的学习效果。例如，在运球急停急走的小组展示中，通过小组之间成果展示的方式让学生观察到不同小组之间技术动作的完成情况，审视自身和发现他人身上存在的问题，及时进行修正和改进。

1. 课前

在课前提前将 2~3 周的教学实践课程视频资源准备好，它主要由 2~3 个微视频构成，该视频的内容主要包括一个完成技术动作的整体结构、分解动作、重点和难点，将其作为一个完成的技术动作流程体系录制下来。录制成功之后，将该视频资料上传到慕课平台，实现学生的个性化学习，学生可以通过该平台有针对性地进行学习。根据自身实际情况，把握学习的进度和节奏。

在教学微视频方面，教师通过微视频的录制来吸引学生的注意力，传递知识，调动学生的学习欲望。在微视频的录制中，首先，要注重时间和节奏的把握，长时间的视频录制，会降低学生的参与度与注意力集中程度，减低学习的效果。其次，录制视频时可以采用个性化的录制方式吸引学生的注意力，重点难点明确，在觉得难度较大的地方可以适当穿插体育领域比较有名的动作解说或者明星动作示范。然后，为有效激发学生动机，可以设置一些有针对性的问题，让学生去查询相关的信息和视频资料，加深学生的印象。最后，视频的录制一定要保障信息技术运动合理、视频的画质和语音清晰。学生在观看教学微视频时，依据自己的实际情况，自行把控学习的进度和学习的节奏，在不明白的地方可以多次回放和暂停，通过这种方式来实现最适合自身的学习方式，实现因材施教。

在针对性练习和交流方面，练习任务要和微视频中的教学内容相结合，加强对知识点的巩固和提高，学生还可以通过平台教师和学生进行互动交流，互相分享收获和疑问，然后把在课前遇到的疑问带到课堂上去进行探究式尝试。

2. 课中

教师将要教学的内容制作成微视频让学生提前观看，这样的结果可以让体育教师在课堂教学上花费更多的时间在组织课堂活动方面，有效地帮助学生解决在观看视频中没有解决的问题。在体育课程的教学上，教师可以更好地观察学生技术动作的掌握情况和动作的完整度，有没有产生动作变形。

在学生知识实践上，例如在排球正面双手垫球方面，学生较难通过视频对正确的击球点动作进行很好的掌握和了解，还需要通过实践的课堂向他们进行展示和演练实现问题的解决。教师可以根据学生在观看视频时普遍提及的主要问题在课中进行讨论和解答，教师还可以针对微视频中的一些技术动作的重点和难点，随机抽查学生进行动作的展示，充分了解学生对技术动作的了解掌握情况，使学生带着问题进入课堂，有针对性地对知识进行检测，通过学生自主思考的形式起到引导、辅助的效果。学生在独立探究方面，学生围绕教师布置的学习任务，主动进行探索式学习和练习，在完成教师制定的教学任务的过程中，掌握基本技术动作。教师在布置教学任务时要注意合理安排任务的难度，任务的难易程度直接影响到学生的实践完成度。按照授课的内容，任务的制定应该是由易到难实现阶梯性过渡。例如在运球转身过人时，要采取小组间进行学习的方法，小组成员在实施完成任务的过程中将遇到的问题和解决方法记录下来与大家一起分享。

在小组协作方面，为了确保小组活动的有效实行，教师必须对学生进行提前分组。一般来说小组的分组时间在课程开始的第一节课，并且成员由教师统一调配，便于平衡小组之间的差异，也便于小组的管理，增加小组成员之间的默契程度，小组内的角色担任则由小组内部成员自行决定，实现各司其职，提高学习效率的目的。教师也可以根据不同小组存在的问题对小组进行个性化的指导，引导他们主动积极寻求解决的办法，因材施教。

在小组展示交流方面，小组展示交流作为体育课程学习中的一项成果检验的方法，也是翻转课堂中的一项非常重要的教学方式。他不仅能够翻转师生之间的角色改变，激发学生的学习动机和大胆表达的积极程度，也能够刺激学生之间的良性竞争，使学生充分展示自己的学习成果，实现思维的碰撞，提升课堂的学习效果。例如，在运球急停急走的小组展示中，通过小组之间成果展示的方式让学生观察到不同小组之间技术动作的完成情况，审视自身和发现他人身上存在的问题，及时进行修正和改进。

在反馈和评价方面，教师对学生的自主学习不仅要及时给予支持和鼓励，也应该依据其动作的完成情况进行及时的反馈和评价，让学生对自己的技术动作完成情况有一定的认知和改进的方式。评价的方式一般为教师评价和学生之间的互评进行结合。教师采取微视频录制的方式将学生的技术动作完成情况录制下来，上传到慕课平台，由学生进行发帖评价，这个过程是学生评价。教师依据学生在课堂上的表现情况和学生的学习情况进行评价，这个过程叫作教师评价。

3. 课后

教师通过学生在教学实践中完成具体动作技能的情况，对之前录制的教学微视频进行修正和提升，针对学生在技术动作实践中具体遇到的问题和高频发生的错误动作进行重点的讲解和录制，对视频信息进行修正，为以后的教学过程的实施提供经验。

学生在课后及时观看教师拍摄或者录制的完成技术动作时的视频，比较客观地观看到自己在完成技术动作时的具体情况，通过与教师上传的教学微视频进行比较和分析，了解自己技术动作完成的具体情况，分析掌握自己存在的不足，为进一步巩固和提升技术动作提供可能。学生还可以通过教师修正后的教学视频，对照自身的实际情况，分析自己的动作掌握情况，为更好地完善自己的技术动作提供良好的途径。课后师生还可以通过交流平台，对课中的情况进行交流和沟通。学生通过观看教师的微视频，对自己的动作完成情况进行学习和反思，依据视频的具体情况可以详细地掌握自己的动作的完成情况，在发现自身不足时，可以及时地和教师进行沟通，分析问题出现的主要原因和可以改进的地方，为课后继续锻炼提供依据。

学生在和教师沟通之后，对照自身技术动作的完成情况和自身存在的具体问题，进行有目的的练习和修正，及时发现问题、解决问题，为自身技术动作的内化和提升提供基础，也为接下来要继续学习的技术动作打下良好的基础。

五、翻转课堂的教学评价

（一）翻转课堂模式下教学评价的分类

依照不同的分类标准，教学评价可以分为很多种类。以评价内容为标准，体育教学评价可以分为知识评价、技能评价、情感评价、态度评价、能力评价等；以评价主体为标准，则可以分为教师评价、学生评价、管理部门评价以及社会评价等。

余林（2007）认为，对课堂教学评价主要有三种方式：对教学过程的评价、对课堂教学中学生学习活动的评价以及对教学效果的评价，这一分类看似丰富了教学评价的内容，事实上也把教师的教及教的效果、学生的学及学的效果两个方面看作教学评价的对象和内容，在分类中将学生学习活动的评价单独列出，只是强调了对学生学习活动评价的重要性。

李秉德（2002）以评价所发挥的作用为标准，将教学评价分为形成性评价、诊断性评价和总结性评价三类。这种分类方法已经被广大教师所熟知，并被广泛应用于各个学科的课程教学之中。

分类的目的是进行有序的观察和描述，进而推理以解决更多的问题，如果对某一事物的分类不利于问题的解决，这种分类就缺乏科学性，甚至是徒劳的。到底哪一种分类最为恰当，这要依据评价的目的来决定。翻转课堂属于教学模式的一种，故而上述各种教学评价的分类方法同样可以用于翻转课堂。但是，由于翻转课堂有着自己的特性，故而在实施教学评价时又存在明显区别于传统课堂的地方。例如，翻转课堂的实施分成了三个阶段，每一个阶段在教和学方面都有明显的区别，为了使评价与教学实施一致，按照教学评价的阶段可以分为课前评价、课中评价和课后评价三个类型，每一个阶段的评价各有侧重；由于翻转课堂的教学由在线课堂和实际课堂组成，在线课堂的评价内容、方式和过程明显区别于实际课堂。因此，依据评价方式，翻转课堂的教学评价又可以分为线上评价和线下评价两类。翻转课堂教学评价的分类标准有以下几种。

评价内容：知识评价、技能评价、情感评价、态度评价、素质评价、能力评价等。

评价主体：教师评价、学生评价、管理部门评价、社会评价。

评价对象：教学过程的评价、学习效果的评价、教学效果的评价。

评价作用：形成性评价、诊断性评价、总结性评价。

评价阶段：课前评价、课中评价、课后评价。

评价方式：线上评价、线下评价。

（二）翻转课堂模式下教学评价的实施

翻转课堂的评价主要分为两个阶段，即课前和课中，学生依据评价结果反思和总结学习过程，教师依据课前和课中的评价结果对教学过程进行反思和总结，并改善后续的教学设计。

1. 教师教学的评价的实施

课前，翻转课堂主要依靠在线网络教学平台实施教学，在线网络教学平台的质量直接决定了教的效果，因此，课前评价对教学的评价的主要内容是对在线网络教学平台建设质量的评价。如何评价这一平台建设的质量，目前还缺乏专门针对翻转课堂网络教学平台而设置的评价标准。清华大学教学与研究中心的陈海林教授在《网络课程设计与案例欣赏》一书中介绍了两种网络课程的评价标准，一种是以雷奈特·吉利斯（Lynette Gillis）博士联合美国南伊利诺伊大学的测量专家制定的"联机学习的认证标准"（e-learning certification standards），这一标准从三个方面对联机学习进行了评价，分别为可用性、技术性和教学性。可用性包括 8 个子项，主要针对用户在网上学习时操作的方便性进行评价；技术性包括 6 个子项，主要是网络课件安装和运行时的技术指标；教学性指标所占比重最大，从教学设计的角度，对目标、内容、策略、媒体、评价等各个方面提出了 18 个子项。另一种是中国教育技术标准委员会 2001 年 6 月提出的《网络课程评价标准》，这一评价标准具有本土化特点，由 24 个指标构成，评价者只需对评价项进行优、良、中、较差、差的选择，最终形成一个对网络课程的综合评价结果。2002 年，为了加强对网络课程的有效监督和管理，教育部教育信息化技术标准委员会发布了《网络课程评价规范》，从课程内容、教学设计、界面设计、技术四个维度共计 36 个指标对网络课程进行评价，如图 2 - 2 所示。①

---

① 教育信息化技术标准委员会. 网络课程评价规范［S］. 2002.

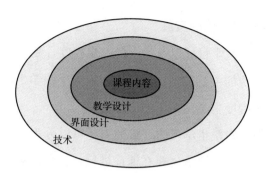

课程内容

教学设计

界面设计

技术

图 2 - 2　网络课程评价规范的基本框架

图 2 - 2 中，课程内容是评价的核心，教学设计是评价的关键，是区别于一般网络课程的特色维度，人性化的界面设计是基本要求，技术是网络课程质量的保障。翻转课堂在线网络教学平台最终表现为网络课程，故而其评价标准和方法可以参照中国教育技术标准委员会制定的《网络课程评价标准》进行评价，同时还要将教学目标、教学任务以及学习目标和学习任务的完成情况作为评价的主要内容。

课中，教师讲解与示范时间的减少促使学生参与探究和实践活动的时间容量直接加大，从而有助于促进学生知识、技能向综合能力的内化。总体来看，教师在课中所从事的教学活动内容与传统课堂差别不大，只是在时间分配上与传统课堂存在较大差别。例如，传统课堂中，教师也可以像翻转课堂一样巡回指导学生实践、组织学习活动等，但由于讲解和示范所占课堂容量过大，常常使学生的各种学习实践活动时间较短或无从安排。可见，翻转课堂在课中对教师教的评价标准应该围绕教学能力和组织管理能力以及教学目标的实现情况来制定，可以通过同行评价、学生评价、自我评价等方式实现对教师教的评价。

2. 学生学习评价的实施

教学计划、教学目标以及学生的进步程度等是对学生学的过程及结果进行评价的主要依据，教学计划主要反映学生学的进度，教学目标和进步程度主要反映学生学的效果。

宏观来看，对学生学习的评价的实施可以分为在线评价和线下评价两种形式。在线评价主要在课前进行，教师依据教学目标事先设计好在线测试题目，由学生作答并提交自评，教师依据学生的答题情况和自评情况对学生的学习情况进行评价。线下评价的主要形式包括纸笔测验、技能评定、素质评定以及对学生课堂表现的评价等，评价的主体包括了教师和学生。

从评价的作用来看，线上评价和线下评价都可以是诊断性评价、形成性评价和总结性评价，这取决于评价的目的。在新授课程开始之前，体育教师可以通过在线测试的形式对学生进行诊断性评价；学生课前通过在线学习微视频及相关教学资料后，对自己的学习结果进行在线测试，对于没有掌握的部分需要进行进一步的学习，直到学会为止，学生进行在线测试的过程事实上就是一个形成性评价的过程。在线评价很多时候都属于诊断性的，意在掌握学生在线学习过程中存在的问题，以便在实际课堂上对学生进行有针对性的讲解和指导；在一个或几个学习单元结束之后，教师还可以通过在线测试和线下评价相结合的方式对学生进行总结性评价。

总体来看，翻转课堂的评价体系更加丰富，评价方法除纸笔测验和技能考核外，还包括了在线测试及实际课堂中的师生、生生之间的互评；在评价标准方面，为了教学计划的正常实施，采用统一评价标准必不可少，但更要充分考虑学生的个体差异，人性化的定性评价更应该给予充分的重视。在评价主体方面，翻转课堂的教学评价强调师生的共同参与，评价结果一般都是教师评价、小组评价和个人评价的综合，故而经常进行的诊断性评价和形成性评价，其主体由体育教师和学生共同组成；在进行总结性评价时，还可以将评价主体扩大为同行专家和教务部门的管理者。从教学评价的实施上来看，翻转课堂的教学效果评价由定量评价和定性评价共同构成，不同的评价结果各占一定的比例并形成一个综合性的评价结果。对学生知识、技能掌握情况以及身体素质的评价方式主要采用定量评价，评价的主要方式是纸笔测验、技能评定和身体素质测试等，评价的主体是教师；对学生的学习态度、学习积极性、进步程度等方面的评价主要采用定性评价，评价者依据学生综合的课堂表现进行打分，评价的主体由体育教师、小组成员和学生个人构成，不同评价主体的评价得分各占一定的比重，最终形成一个综合性的评价结果。

六、高校体育教学"翻转课堂"模式的构建

（一）高校体育教学模式的现状分析

当前，我国高校体育教学模式不断推陈出新，类型众多，有"一体化型""选项型""三联互动式""快乐健康式"等模式，但最为典型的为"三基型""一体型""并列型""三段型""俱乐部型"五种模式，这五种模式依据不同的指导思想、教学目标和教学组织形式来构建，每种教学模式各具特点，又具有不同的优点和缺点。在以"健康第一"为指导思想的体育教学中，"俱乐部型"更加迎合这一思想，从教学目标、组织形式上更加突出学生心理与和谐师生关系这一特点，因此，"俱乐部型"教学模式成为当下各高

校推崇的有效教学模式。

随着体育教学改革的不断深入，单一的体育教学模式已不适应社会发展对人才的要求，构建多元化综合型、适应当代体育教学的模式已成为体育教育者们热心关注的焦点。当前，在信息技术高速发展的背景下，结合"健康第一""终身体育"指导思想，构建以信息网络为平台，以学习活动为中心，形成师生共融学习环境，培养适应社会发展要求的、心智健全人才的体育教学模式，将是今后高校体育教学模式发展的方向和趋势。

（二）高校体育教学"翻转课堂"模式的构建

一般翻转课堂教学模式包括课前学习资源的制作准备、学生自主学习、课中知识内化、课后总结评价几个阶段。体育教学翻转模式的构建与一般翻转课堂模式相似。基于翻转课堂模式的基本构建，以"学生为中心"构建出适合当前高校体育教学的模式，具体有以下三个步骤。

1. 课前教学资源准备

教学目标是教学活动的实施方向和预期达成的结果，是一切教学活动的出发点和最终归宿。

课前，教师首先根据教学大纲、计划，明确教学目标，确保翻转课堂顺利进行。课堂教学目标的确立，要遵循"三位一体"原则，针对提高教学的实效性，形成动态发展教学目标，在教学过程中不断修正新的教学目标，使课前、课中、课后形成一个完整、协调、相互联系的整体三维目标。其次，依据教学大纲及计划，明确教学目标，确定教学内容和知识点。翻转课堂教学内容的体系要完整，组织结构要合理，根据学生的认知水平和要求，选择恰当的教学素材，并根据教学内容的结构特点进行合理的加工和处理。在每个教学目标的设计中要列出清晰合理的学习任务和学习内容，通过信息技术将技术动作的要领、方法制成 PPT 演示文稿，并辅以 Flash 动画或二维、三维动作图解，可以自行录制示范动作图像或下载优秀运动员比赛录像进行编辑和加工，制作成教学视频录像，综合利用演示文稿和视频等手段将教学内容形象地表现出来，按照教学步骤和程序制成学习资源上传到网络平台。除了教师自行制作教学资源外，可以利用其他网络资源（例如网络公开课等教学视频和比赛视频）来充实教学内容，使网络资源得到充分利用，技术动作教学更直观、更标准、更规范，对选取的网络资料在进行加工处理的时候，要配以适当的文字讲解，使学习者更清晰、更明朗地了解学习内容。对于示范动作难度比较大，难以直接进行示范的动作，可以通过二维或三维动画技术并辅以用力方向的图解或文字说明将其生动具体地展示出来，也可以通过具体视频"全方位"地展现出来，既能激发学生学习兴趣，也能提高学生形象力。

例如在背越式跳高过杆教学中，人体在过杆时所作出的背弓动作，在实际教学过程中无法在空中作出停留的示范动作，也无法更直观地讲解过杆时头后仰、挺髋、小腿自然下放等动作。通过视频的加工处理，配以用箭头表示力的方向以及文字说明，使得教学视频更直观、更清晰，学习者更容易理解和接受。制作视频要充分考虑时长，做到简洁明了，要充分考虑视频的制作与教学目标和教学内容相吻合，依据教学单元的计划安排，由浅入深、由易到难合理组织每个教学环节，让学习者在不浪费大量时间的前提下，掌握理论知识，实现课前学习效果的最大化。

翻转课堂教学模式需要学生具有自主学习、发现问题和解决问题的能力，需要学生积极主动地参与课前新知识的学习。首先学习者通过网络平台打开教师制作好的学习资源包，了解课中教师提出的教学目标、教学任务和教学内容。然后对技术动作理论知识进行学习，通过想象法对技术动作有一个大概的理解和认识，最后通过视频录像中示范动作的观看对比，形成正确的动作概念和印象，在大脑中留下"痕迹"，为课中实践练习打下基础。学习过程中，主动发挥发现问题和解决问题的能力，及时发现疑难问题，通过查阅网络资料解决一些力所能及的问题，对难以解决的疑难问题进行记录，待到课中再解决。出于课前学生对学习新技术动作的渴望和热情，不可避免地会出现有些学生积极主动地去练习，由于无教师的指导和检查，难免会出现错误动作，久而久之会形成错误动作定型，为以后的学习造成阻碍，因此，要求学生在自行练习中练习要适当，以小组和结伴的形式进行，在充分观看教学视频示范动作的前提下，通过相互检查指导，锻炼发现问题和纠错的能力。

2. 课中知识和技能的融合与内化

课中应是学生提出问题，教师答疑解惑，并通过具体的身体练习形成运动技能，使知识内化的阶段。课堂上，教师要阐明本课学习的任务，收集所有学生所提出的问题，对收集的问题进行归类，按照问题提出的类型进行分组讨论和交流，通过探究式方法解决学生能力范围的疑难问题，进一步培养学生的主动探究、合作学习的能力。对难以解决的问题，鉴于学生通过课前的学习对本课学习内容有了一定掌握和理解，教师可以进行提示指导，帮助学生形成解决问题的能力。通过课前的知识学习，减少课堂上教师讲解示范的时间，大大增加了学生练习的时间和密度，解决完疑难问题后，可以根据学习者不同的练习水平进行分层教学，实施区别对待，同时，在指导学生进行练习时，要对学生容易出现的错误动作进行总结、把控，及时纠错。让学生纠错的同时，理解错误动作产生的原因，懂得如何纠错，培养学生发现错误和纠正错误的能力。另外，指导学生尝试讲解、示范，使学生在练习中，不但会做，而且会教，打破传统体育教学中只追求运动技能形成的单一模式，为终身体育打下基础。

对于学习者来说，课前的学习只停留在表面。通过课堂学生间的讨论和教师交流互动，解决遗留的疑难问题，通过探究式方法解决问题，就要求学习者积极主动地参与讨论，积极大胆地提出自己的观点，这是课堂互动的前提和基础。分组讨论和练习后，每组要选派一名代表反馈各小组的讨论结果和练习过程中出现的问题，教师通过收集各小组反馈的问题进行总结评价，集中回答，小组间成员要相互纠错，团结协作，一方面培养学生的观察能力和纠错能力；另一方面加强师生间、生生间的关系，在和谐融合的学习环境中使知识得到内化，运动技能逐步形成。

3. 课后反馈、评价、巩固提高

课堂结束后，教师要积极通过课堂或网络平台了解学生对翻转课堂课前学习的情况（学习的主动性、积极性，学习的方式方法，掌握的程度等），课中练习时出现的错误动作，学生参与练习的态度以及练习的效果等问题，针对存在的问题进行总结性评价，依据存在的问题制定整改方案，修改完善教学视频、PPT 等学习资源，实施有效监控，通过网络平台，创造协作学习的环境和空间，形成一个有效的师生教学活动的"环路"。通过师生间沟通再沟通、反馈再反馈，不断解决教与学中存在的问题，形成动态发展的教学任务和目标，不断巩固提高运动技术水平，实现教学质量和效果的最大化。

高校体育教学翻转课堂模式的构建突破了传统体育教学模式中

存在的问题。翻转课堂充分利用了信息技术，使学生学习的活动更加自由、更加主体化，为课中身体练习赢得了时间，弥补了教学过程中教师动作示范存在的不足，保证示范动作的标准化、规范化，促使学生统一思想认识。网络平台的构建也拉近了师生间的关系，让师生在自由的空间和时间得到有效的沟通和交流，以"环路"的方式始终贯穿于课前、课中、课后整个过程，有效地保证教、学的经济性和实效性。翻转课堂虽被誉为"影响课堂教学的重大技术变革"，但真正使其融入体育教学，需要有效的支撑系统作保障。翻转课堂模式中学习资源的制作、网络交流平台的互动、学生实践练习的"虚拟系统"等每一个环节的构建都需要教师业务能力的提高和学生的学习适应能力等软硬件条件的保障，方可实现翻转课堂在高校体育教学中的真正融入。

第四节　翻转教学学习任务单和学案的设计

一、翻转教学学习任务单的设计

（一）学习任务单设计的意义体现

翻转课堂学习任务实际上包括了课前自主学习任务和课堂互动学习任务。以下重点讨论课前自主学习任务。学习任务的设计通常以学习任务单为载体。在翻转课堂教学中，学习任务单既是教师设计给学生，让学生通过自主学习完成学习目标的支架，也是教师指导学生自主学习的载体，通常以表单的形式呈现。

自主学习任务单的设计，是翻转课堂教学设计的第一步。在课前自主学习中，教师并不会出现在学生面前，教师对学生学习的指导，主要以学习任务单为"抓手"来完成。学生通过阅读学习任务单，明确学习的目标、方向和任务，并通过学习任务单向教师反馈学习过程中产生的疑问。

自主学习任务单设计的质量，影响到学生的课前自主学习能否顺利启动，影响到学生能否按照要求观看教学视频和阅读相关的学习材料，影响到学生能否在自主学习中启动独立思考程序，能否发现自主学习中的疑难问题。这些疑难问题是后续的课堂翻转的基本条件。因此，自主学习任务单设计的优劣，既关系到课前自主学习的质量，也关系到后续的课堂互动学习和探究学习能否有效展开。学习任务单的设计非常重要（郑瑞强和卢宇，2017）。

（二）学习任务单的设计内容

1. 学习目标

学习目标是由教学目标转化而来的，表达出学生通过自主学习获取知识以及掌握知识的程度。学习目标不属于变量的范畴，而属于常量的范畴。设定学生在家学习的进度目标，学生自主制定学习目标分步实施的阶段，直到全部掌握相关的内容，完成学习目标要求。"学习目标"的设计通常主要分为两个步骤实施：首先，需要分析学习材料，总结相应的教学目标；其次，将其转化为学生独立完成的学习目标。

学习目标不完全等同于教学目标。学习目标的作用是帮助学生明确自主学习的相关信息，并且采用观看视频、阅读教材，以及学习相关材料的方法，独立完成自身制定的学习目标或任务清单，这是学生完成任务的初步索引。由此可见，学习目标的设计，对于培养学生的自我学习能力，具有十分重要的作用。

2. 学习任务

学习任务在学习任务单中占据主体地位。学习任务是学生能否完成规定的学习目标的根本保障。对学习任务的制定来说，通常有以下四点要求。

第一，学习任务与学习目标相符。学习目标是由教学目标转化而来的，是学生开展自主学习活动的重要指引。为了贯彻实施学习目标，必须精心设计学习任务单，使学习任务的设计能够完成学习目标。由此可知，所有的学生都可以利用自主学习的方式，完成教师设计的学习任务。

第二，将知识点巧妙地转化成问题。知识点与问题之间的转化，是任务设计最初的、也是最基本的方法。这需要结合相关的教学重点、难点，还有与之相关的知识点等，实现知识点与问题的自由转化。这种转化的意义通常表现为两方面：一方面是可操作性，自主学习需要问题的引导，因而提出问题是学生开展自我学习的重要途径；另一方面是培养学生触类旁通、举一反三的能力，对于理科类的问题，往往涉及众多的知识点，如概念、原理还有方法等，要围绕问题出发，加深学生对相关知识点的理解和掌握，培养学生举一反三的能力，在涉及相关的问题时，也能按照自身思路展开作答。

由于信息技术具有很强的实践性，必须充分考虑问题与操作性任务两个方面。

第三，考虑知识点的覆盖面和权重。任务设计通常关注两个方面：一方面关注教学的重点、难点等；另一方面关注各个知识点所占任务比例的合理分配。只有将教学的重点或难点分解成若干小的知识点，才有助于学生掌握。而对于普通的知识点，则无须进行分解。因此，不能采用"一刀切"的设计方法。

第四，给学习者提供方便的资源链接。为了使资源链接更加便捷，例如合理地体现在学习任务中，便于学习者翻阅查找，所以要设计明显的标志帮助学习者查找相关资源，提高学习者的学习效率。链接主要分为两种形式：一种包括相关资源网站上的链接；另一种主要是配套微视频的链接。如果没有相关的学习平台，就要结合学习任务单，实现对学习者学习过程的辅助。

（三）学习任务单设计需处理好的关系

一是学习目标与学习任务的关系。在实际的自主学习任务单设计实践中，经常有教师混淆"任务"与"目标"的区别与联系。例如，一位教师给"光的反射和平面镜成像"的"任务单"设计了这样的学习目标：通过观看教学视频、完成"自学任务单"规定的任务，从而理解光的反射和平面镜成像特点。这个"学习目标"包括了"学习任务"。学生该怎样做，要达到什么样的目标，显得不够清晰。建议修改为学习目标：理解光的反射和平面成像的特征；学习任务：通过观看教学视频，思考什么是光的反射现象，平面成像有什么特征等问题。

二是课前任务与课堂任务的关系。翻转课堂的核心不是课前学习，而是课堂中的互动和探究活动。课前学习是为课堂研讨服务的。课堂能不能有效翻转，主要取决于参与课堂讨论的学生能不能在课前通过观看视频进行独立的思考，发现更多问题，形成自己独到的观点，在此基础上，才能在课堂研讨中与同伴进行思维的碰撞并擦出智慧的火花。因此，学生全面看明白视频的知识点和内容，完成自学任务单中的练习题，甚至全部满分，并不是有效翻转的充要条件。个别学生个别知识点没有弄懂，正好可以通过协作探究的方式加以解决。换言之，课前学习的主要任务是"发现问题"，而不是"解决问题"。通过课前学习，发现问题越多，课堂研讨活动就越有价值和意义。因此，课前与课堂之间的目标与任务必须建立一个合理的梯度关系。如果课前的目标过高，任务过重，甚至将课堂应该完成的探究任务放在课前完成，一则造成学生课外学习负担过重，变成课外难以承受之重；二则即便课前能将过重的任务完成，也会造成课堂任务不够。如果课前学习目标设置过低，所完成任务不足以支持课堂协作探究，讨论不需要讨论的内容和话题等。

（四）学习任务单设计的注意事项

首先，要关注学生的个体差异，满足学生的个体需求。学生存在个体差异性，学习能力也各有不同，但是学生都渴望成功。课堂教学要实现高效性，就需要集中全体学生的注意力，让所有的学生都能体验成功的喜悦。因此，对于教师来说，在设计任务单时，需要考虑学生不同层次的需要，设计出兼顾学生个性的学习任务。例如，教师可以将同一练习，采取不同的达标方式，体现在任务单中，也可以罗列出具体的任务步骤，帮助学习困难的学生快速掌握学习重点。运用上述两种方式，可以保证学习能力不同的学生，都能够收获成功。

其次，搭建学生自主学习框架。学习任务单其实是一种特殊的教学支架，自主学习并不是完全由学生独立进行的，教师也不能完全做到袖手旁观，而是要在自学任务单上，适当地给予学生帮助，例如，提供给学生学习的相关资料等，帮助学生创建合理的情景，罗列出相关的操作步骤和实施方法等，帮助学生更好地开展自学任务，提高学习效率。

最后，激发学生自主学习的热情。设计自学任务单的出发点就是将教学目标落实为学生主体作用的发挥，让学生能够主动学习，这才是教师设计实用性任务单的重要标准。由此可知，任务单的设计不能采用"一刀切"的形式，要针对学习能力不同的学生，有针对性地制作难易适度的学习任务单，而且任务量也要适当，过多的任务量会造成学生厌烦的心理，难度太大会造成学生缺乏积极性，产生挫败感。因此，任务单的设计必须结合教学实际，即学生的学情，给出难度适中的设计方案，调动学生的主观能动性，提高学生的学习热情。

自学任务单的关键是教师要及时了解掌握所教学生的具体学情，根据学情设计制定与之相匹配的学习任务单，逐一落实，这一步至关重要。在教学过程中，要随时关注学生的学业变化过程，诊断教学过程和学生学习过程中所有变化和有可能出现的结果，不断调整，不断更新自学任务单的内容和难度，使之与学生的实际需求相适应。这样就要求教师要全身心地投入工作，关注学情的差异性，关注教学的各个环节，引导启发学生跟着教师的教学步骤，及时调整，及时反馈，及时消化学习任务单的具体内容。课堂上要根据不同对象，采用不同方法点拨、引领学生的学习，教师还要比对学生在学习过程中的成绩变化，共同完成学习或教学目标，体现自学任务单的成效，这是自学任务单的核心任务。

二、翻转教学学案的设计

学案，又称"导学案"，是由教师设计，用于指导学生自主学习和知识建构之案，具有导读、导视、导思、导练的功能。

（一）构成学案的要素

学案主要由以下几个部分组成。

（1）学习目标。教师深入分析教材，确定相应教学内容的学习目标，在学习目标的制定过程中，不能使用模糊的语言，如了解、掌握等，可以使用检测语言，如"能记住""会运用"等。

（2）学习相关的知识点。要结合教材内容，还有教学要求，以及本班学生的学情等，确定相关的教学重点和难点。

（3）知识链接。对相关的知识进行巧妙链接，不仅能帮助学生更好地查阅相关学习内容，还能够帮助他们拓展对知识的理解，建立相关内容的密切联系，帮助学生在新知识学习方面做好铺垫。

（4）学法指导。具体来说学法指导表现为以下两种形式：一是将学习方法有机地融入知识导学中；二是将学习方法单独列出来。可以将阅读技巧与自主学习方法等在导学案中体现出来。

（5）学习内容。学习内容既是导学案的重点，也是导学、导思、导练的外在体现，是实现目标知识化和知识问题化的重要手段。掌握学习内容的方法可以分为自主学习与合作学习。

（6）展示提升。对于学生深入思考的问题，无论是组内展示，还是班内展示，都要进行提升，而不是一味地对答案进行复述性的讲解。在此过程中，需要突出展示提升的问题性、互动性、创新性。

（7）对知识进行整理、归纳。

（8）达标检测。达标检测的设计需要满足以下要求：第一，题型多样性；第二，题量要适中；第三，题型要具备针对性、典型性；第四，难度方面既要考虑全体，也要注重个体差异，优先使用选做题型，按照规定的时间，要求学生独立完成检测，同时注意信息反馈与问题矫正。

（9）学习反思。学而不思则罔，在学习过程中，问题与解决问题的办法，都是学生宝贵的学习经验。教师可以结合学生的学习反思，安排知识点的讲解。

（二）翻转学案设计的基本原则

一是主体性原则。所谓主体性原则，即以学生为中心的原则，主要关注学生的学习态度与学习方法等问题。教师在设计教学方案时，需要换位思考，从学生的角度看教材，按照学生的感知解读教材，利用学生的思维分析教材，尊重学生在教学过程中的主体地位。对于学生学习中可能遇到的问题，进行阐释和解答，这是翻转课堂教学设计的核心。对于"以学生为中心"，还是"以教师为中心"的探讨，必然会产生两种截然不同的结果。

二是导学性原则。教师应该引导学生学习，而不是将教学重点放在课堂练习上。设计教学方案时，要巧妙地将知识点转化为富有探索性的问题，鼓励学生积极思考，培养学生良好的学习能力和创新能力。要肯定学生的创新热情，建立科学的问题索引，帮助学生构建合理的知识框架。

（三）翻转学案设计的要求与方法

由"教案"转到"学案"，需要将教师的教学目标，合理地转化为学习目标，并且设计出相关的学习方案。结合学生的知识储备、自学能力和相关的教学要求，综合各种因素，制定出既适合学生，又满足教学要求的"学案"。教学方案的制定，主要体现出以下特征：一是教学重心由"教"转变为"学"；二是要体现出前瞻性和指导性的特征。具体操作有以下两个方面。

1. 学案设计的要求

第一，处理好教与学的关系，最大限度地帮助学生，为学生创造出自学的独立空间，培养学生的主体意识，培养学生的学习热情。

第二，培养学生独立思考的能力、动手实践能力、敢于探索的能力，帮助学生构建合理的知识体系。

第三，个性发展与全面发展同时兼顾。教学方案的设计，必须兼顾整体观和个性化两个方面，认识到学生学习能力的不同，设计出的学习方案要具备较大的弹性和适应性。从总体上看，学习方案的设计，要按课时的安排进行，并与教师讲课保持同步。

2. 学案设计方法与步骤

首先要根据相关的学习内容、学习目标和学习情况等，结合实际制定出有针对性的学案，学习方案在格式方面没有特殊要求。根据教为主导、学为主体的教学宗旨，按照循序渐进的方法，分步骤细化知识、理论，逐渐加深知识与理论的运用。学习能力不同的学生，可以按照不同层次的学习目标，选择与自身情况相适应的方式进行学习。

学案设计通常分为以下四个步骤。

步骤一：明确教学目标，构建知识框架。在学习方案中，将具体的学习目标如知识目标、能力目标、德育目标等体现出来。知识结构分为学科性的知识结构，还有按单元、章、课时进行分类的知识结构。在此基础上，构建相关的知识框架，让学生对整体的知识结构，初步形成宏观的认识。

步骤二：确定知识重难点，找准知识切入点。"学案"将知识的重点和难点问题，交由学生主动进行思考，并通过一定的方法，引导学生主动分析，从而加深学生对知识的理解，培养学生的独立分析能力。

步骤三：设计问题，重点是提高学生运用知识的能力，通过引导学生，让学生自主进行探索求知，这也是教学方案设计的关键。教师要结合相关的学习目标和内容，更有针对性地设计问题。而且设计出的问题，既要反映出科学性、趣味性和实用性的特点，也要根据不同的学生群体，体现出一定的层次性。

步骤四：通过练习进行自查，达到巩固学习成果的目的。这是设计教学方案的最后一步。因为学生存在个体的差异性，对问题的理解与认知也存在不同。因此，自学过程中会遇到许多不同层面的问题，要对这些问题进行正确引导，培养学生独立自主的学习能力。

第三章　高校公共体育教学的翻转课堂模式构建

高校体育教学是帮助大学生强健身心，加强培养综合素质的重要途径，也更加符合我国当前对人才综合性和多元化培养的目标要求。"翻转课堂"是一种较为创新的教学模式，对高校体育教学能起到十分有效的推进作用。本章围绕高校公共体育教学中实施翻转课堂的理论支撑、高校公共体育教学引入翻转课堂模式的价值、高校公共体育教学翻转课堂模式的问题与建议展开论述。

第一节　高校公共体育教学实施翻转课堂的理论支撑

通过对翻转课堂的基本理论进行探讨，将翻转课堂引入高校公共体育教学便有了基本的思路和框架。依据教学模式及构成要素对翻转课堂基本理论的探讨属于宏观层面，对各个学科的教学来说具有理论指导的普适性，但是，由于体育学科有着自身的特点，故而在高校公共体育教学中实施翻转课堂还应有一套自身的理论与方法。

一、高校公共体育教学中实施翻转课堂的理念和指导思想

理念是人们对教学实践的一种价值取向，不同的教学理念会影响到教学的实践。1999 年中共中央国务院《关于深化教育改革全面推进素质教育的决定》指出，学校教育要树立健康第一的指导思想，实施素质教育要以培养学生的创新精神和实践能力为重点，必须把德育、智育、体育、美育等有机地统一在教育活动的各个环节中，从而促进学生的全面发展和健康成长，并提出培养学生竞争意识、合作精神和坚强毅力的基本要求。从《关于深化教育改革全面推进素质教育的决定》的指导精神可以看出，素质教育、健康第一、全面发展是我国高校公共体育教学的基本理念。

教学指导思想是教学理念的重要内容，是任何一种教学模式的构成要素和灵魂，它对教学模式各要素具有导向作用，是教学模式生成的依据和基础，并对教学模式的各个要素之间的组合关系产生深刻的影响。在我国学校体育确立"健康第一"的指导思想之前，我国学校体育的指导思想一直没有定论，在经历了百家争鸣之后，逐渐形成了"健康第一""培养三基""技术健身""快乐体育""成功体育""终身体育"等体育教学指导思想。在各种体育课程指导思想的影响下，有些体育教师显得无所适从，在教学实际中只能依据个人的理解和价值认同情况选择其一，"重知识、轻能力""重体验、轻结果""重健康、轻技术"等问题不断出现，从而影响了我国体育教学的良性发展。2011 年出台的《体育与健康课程标准》从四个方面阐述了学校体育课程的基本理念：坚持"健康第一"的指导思想，促进学生的健康成长；激发运动兴趣，培养学生终身体

育的意识；以学生发展为中心，重视学生的主体地位；关注个体差异与不同需求，确保每个学生受益。在教育和体育部门的明确指导下，我国学校体育的指导思想以及教学理念已经异常明确，造成当前体育教学问题重重的原因在于高校公共体育教学的实施。学校体育存在一味追求知识和技术的传授，而忽略了情意目标的发展等弊端，它在一定程度上扼杀了学生的学习兴趣和积极性，结果出现有些学生厌倦上体育课，体育课成了某些学生的负担，学校体育发展学生个性和培养良好思想品质的目标也较难实现。

将翻转课堂实施于我国高校公共体育教学，前提是不能偏离当前我国体育教学的指导思想和教学理念。翻转课堂是以问题为导向，引导学生通过课前的自主学习、课中的体育实践和课后反思总结来实现体育课程的学习，以此来提高学生的身心体育水平，培养学生的体育学习兴趣、体育意识、自主学习能力、探究能力、交流能力、团队合作能力以及分析问题和解决问题的能力等，整个教学都是围绕着如何提高学生健康水平、如何促进学生全面发展而实施的。可见，翻转课堂模式下的高校体育教学，更好地诠释了如何实施素质教育、如何坚持健康第一、如何促使学生全面发展，成为贯彻高校体育教学思想和教学理念典范。

二、翻转课堂模式下高校公共体育教学目标的设计

目标是指对活动结果所预先设想或拟定的要求、标准，希望体育教学活动达到什么样的结果，就应该依据这些结果提出相应的体育教学目标。2002 年教育部发布了《全国普通高等学校体育课程教学指导纲要》，将高校体育课程的基本目标确定为五个领域，即运

动参与、运动技能、身体健康、心理健康和社会适应，至此，我国高校体育课程的基本目标开始明确，这五个领域成为我国高校体育课程目标提出的依据，翻转课堂模式下高校公共体育教学目标的制定也应围绕上述五个领域来制定。

（一）翻转课堂模式下高校课前体育教学目标的制定

由于翻转课堂是一种"学在前，教在后"的教学模式，要求学生在课前通过在线课堂学习教学内容，并且要达到学会的程度，教师通过在线交流平台给予学生及时的指导。新知识、新技能和新方法是每一个学生课前学习的基本内容，学会新知识、新技能和新方法自然也成为课前最为主要的班级体育教学目标。另外，学生课前在线学习体育知识、体育技能和体育锻炼方法等，对学生的自主性要求较高，体育教学实际中，总有一些学生因自主性较差未能达到课前学习的基本要求，有的学生虽然能够完成课前在线学习目标，但却也表现出不适应课前自主学习这种形式。由此可见，制定课前班级体育教学目标，不能仅仅停留在学会新知识、新技能和新方法上，还应提出情感类教学目标，从而不断提高学生学习的情绪、兴趣和意志力，端正学生的体育学习的态度、动机和价值观，从而达到不断提高学生自主学习能力的目的。情感领域教学目标具有隐蔽性，它需要诉诸各种体育教学活动才能实现。除此之外，制定班级教学目标时还要注意认知、技能和情感三个领域教学目标之间的有机联系，例如，在篮球运球教学中，除了通过微视频和相关学习资料教会学生运球的基本技术之外，还要让学生自己进行技术体验，并上传精彩的篮球运球视频来促进学生的情感体验。班级教学目标要求全体学生学会新知识、新技能、新方法，并通过在线教学环境的营造、教学资源的丰富与整合、师生和生生之间的在线互动等手段，达到培养体育学习兴趣、端正体育学习态度和动机，最终提高学生自主学习能力的目的。

由于不同学习小组之间有所差异，依据各个小组的学习实际制定小组教学目标非常必要。各种教学目标的制定都应依据评价结果来制定，小组体育教学目标也不例外。体育教师依据各个小组在线测试、小组学习总结及课中的课堂展示情况等，可以大致判定出每个小组体育课程学习的基本情况，进而依据各小组的情况制定出相应的小组体育教学目标。小组体育教学目标的制定可以促进小组成员之间的相互交流、督促和指导，从而促使各小组的学习水平进一步提升。

为充分尊重学生的个体差异，引起学生体育课程学习的需要和兴趣，让不同体育学习能力的学生在其现有体育基础上进一步有所提高，个人体育教学目标的提出必不可少。个人体育教学目标主要依据学生在体育课程学习中所存在的问题而提出，针对性相对较强，这有赖于体育教师对学生特点及学习情况的了解。课前，在线虚拟课堂设计了不同的体育教学内容，知识类的、技能类的、锻炼方法类的以及体育比赛欣赏类的等，学生在完成班级和小组体育教学目标的情况下，可以依据个人的喜好以及个人体育学习需求，有选择地学习相关内容，从而达到提高的目的。个人体育教学目标是对学生体育课程学习的引导，也是对不同学生个体提出的针对性极强的学习要求，既有利于学生的体育课程学习，又能让学生感受到体育教师的关怀与督促，这对端正学生体育学习的态度和激发体育课程学习的兴趣非常有利。

（二）课中体育教学目标的设计

首先，学生虽然在课前对教学内容进行了学习，但毕竟没有经过教师面对面的指导，学生对体育技战术以及锻炼方法的掌握还不规范，因此，规范体育技战术及体育锻炼方法便成为课中体育教学目标的重要内容。其次，在确立教学目标时应突出体育教学增强体质、促进身心发展、发展体能的本质功能，同时兼顾学生的全面发展。在网络教学平台上，学生主要依据教学视频等教学资源等对体育的新知识、新技能和新方法进行了初步的学习，并没有经历专门的体育实践，因而缺少了对新知识、新技能和新方法的内化过程，学生无法从身体、心理两个方面深入体验体育，这就难以达到增强体质、促进身心发展和提高能力的目的，因此，内化新的教学内容以加深学生对体育的身心体验，自然也成为课中的体育教学目标。再次，除了加深学生对体育的身心体验之外，还需重视学生对体育的情感体验，这是端正学生体育学习态度、激发体育学习兴趣的重要环节，因此，课中体育目标中还应该包括情感体验目标。最后，提升综合能力是课中体育教学目标设计的最终目的，这也是课中体育教学目标的重要组成部分。

翻转课堂模式下体育教学课中班级教学目标的基本构成和实现途径如表 3－1 所示。

表 3－1　　翻转课堂模式下体育教学课中班级教学目标的
基本构成和实现途径

基本构成	实现途径
规范体育技能及锻炼方法	讲解示范、巡回指导
内化体育知识、技能与锻炼方法	组织体育学习活动及体育实践
端正体育学习态度、激发体育学习兴趣	情景设置、沟通、协作、活动、学习成果展示
提升综合能力	问题探究、体育实践

（三）课后体育教学目标的内容

课后，学生的学习任务包括了两个主要方面：一是学生通过进一步的体育练习来巩固所学的体育知识、技能、体育锻炼方法；二是学生对课前、课中的学习过程进行反思和总结，进而提高自己后续体育课程学习的实效。从结果与目标的对应性可知，翻转课堂模式下的体育教学，其课后体育教学目标的设计需要围绕这两个方面来制定，即进一步巩固学生对体育知识、技能和体育锻炼方法的掌握，让学生通过反思和总结来完善其对后续体育课程的学习。可见，反思学习过程、巩固学习内容是课后体育教学目标设计的主要内容。

三、翻转课堂模式下高校公共体育课程的教学策略

通过前面的分析可知，翻转课堂的教学策略可以分为课前教学策略、课中教学策略和课后教学策略三个基本类别，每一个类别又可以分为不同的亚类，这就为分析高校公共体育教学中实施翻转课堂的教学策略提供了依据。下面依据翻转课堂教学策略的三个基本类别分别进行探讨。

（一）翻转课堂模式下的课前体育教学策略

1. 在线体育教学平台的建设策略

《教育信息化十年发展规划（2011～2020年）》明确提出，优质教育资源和信息化学习环境建设是教育信息化发展的基础。翻转课堂作为教育教学信息化发展的模式之一，自然也要重视优质教学资源和信息化学习环境的建设，这实际上就是翻转课堂的在线虚拟教学平台建设问题。翻转课堂模式下，学生课前对体育教学内容的

学习是通过在线虚拟教学平台来实现的，因而在线教学平台的建设就成为了实施翻转课堂的前提和基础。建设在线体育教学平台应该做好以下六个方面的工作。

（1）选好网络教学平台。当前来看，可选的网络教学平台不断增多，像 Moodle、Canvas、Sakai 等都是较为常用的网络教学平台。选择网络教学平台，既要考虑该平台的功能，又要考虑现有网络环境是否能够满足教学的需求。建议选择 Sakai 网络教学平台，该平台操作简单，功能强大，具有上传教学资源、在线讨论、在线测试、在线评价、在线发布和回收作业等功能，能够较好满足课前在线体育教学的需要。

（2）做好体育教学资源的开发与上传。学生课前对体育课程的学习主要依赖于体育教师上传的教学资源，教学资源的质量会对学生课前的学习效果以及学生对体育课程兴趣的培养产生直接影响，因而做好体育教学资源的开发与上传成为建设在线虚拟体育教学平台的关键。体育教学资源的表现形式主要有微视频、动画制作、PPT 以及与体育教学内容相关的文字材料等，这些体育教学资源的来源途径有两个：一是体育教师的制作，二是对现有网络教学资源的收集、整合和加工，无论哪一种方式，都要力求做到短小精悍。所谓短，主要是从学生对体育教学资源学习时间上来说的，因为过多地占用学生的学习时间既会影响到学习的效率，也可能会影响到学生在线学习的兴趣。所谓小，主要是指主题小和文件小，以微视频为例，一个微视频一般只讲一个主题，播放时间控制在 5～10 分钟，同一次课的微视频不宜过多；微视频的文件也要小，这有利于视频的上传和学生的下载。所谓精，主要指教学资源的设计精、制作精和讲解精。所谓悍，是指上传的体育教学资源要能够产生"震撼"的效果，从而能够吸引学生，让学生在学习体育教学资源之后难以忘记。据研究，大学生更喜欢视频类的学习资料，因而微视频的制作则成为体育教学资源开发的关键。

（3）营造良好的在线体育教学环境。为了能够吸引学生，在线体育教学平台还应重视环境的营造。一般情况下，一个在线虚拟教学平台除了教学资源上传模块之外，还应包括在线交流模块、在线测试与评价模块、学习成果展示模块、作业的发布与批改模块、讨论模块以及学生在线学习的跟踪与监控模块等。学习的跟踪与监控主要是通过学生对在线虚拟教学平台的登录次数和时间来显示的，因而无须体育教师进行设计，而对于其他模块的建设，体育教师都要力求做到视觉化、精细化和个性化，各个模块组合后要力求吸引学生。

（4）做好体育教学内容模块的切割。在线体育课程教学资源是依据体育教学内容的模块而确立的，在这些教学资源确立之前，体育教师需要将体育课程教学内容提前切割成不同的部分，然后依据这些部分进行教学资源开发、收集、整合和上传。体育教学内容模块的切割需要注意六点：第一，依据课程计划（教学计划）和体育教学目标，避免盲目化；第二，全面了解学生体育学习的情况和体育学习需求，避免主观化；第三，注重每个教学内容模块在知识、技能和锻炼方法的全面性和完整性，避免片面化；第四，注重各个体育教学内容模块之间的系统性和连贯性，避免碎片化；第五，充分考虑学生学习进度的差异，注重体育教学内容模块切割的稳定性和灵活性，避免呆板化；第六，切割后的体育教学内容模块，在教学结束后要便于评价。

（5）加强在线体育教学过程的组织管理。翻转课堂模式下的体育教学实际中，体育教师对学生体育课程学习的设计、指导和管理贯穿于课前、课中和课后三个阶段，这是保证体育教学实效的关键。大学生在认知水平、体育基础、个性心理特征、学习自主性等方面存在明显的差异，总是有学生因为各种原因而不能如期完成课前学习任务，这就给后续的体育教学带来了障碍。为了使课程计划能够顺利实施，体育教师在课前的组织与管理工作就显得尤为重要。在线体育教学过程的组织管理的主要工作包括两个方面：第一，在体育学习内容、体育学习时间以及体育学习的方法和水平上，依据实际对全体学生、不同学习小组、相关学生个体提出一定的学习要求，并在线指导学生的体育学习；第二，对学生在线学习、测试、自我评价等相关情况进行跟踪和监控，及时了解学生的学习过程、学习成果以及学习中的不足，并为后续的实际课堂教学安排提供依据。

（6）注重在线体育教学效果的评价。从形式上看，翻转课堂具有"先学后教""以学定教"的特点，学生课前的学习情况，决定了教师在课中教什么、如何教，因此，只有对学生课前在线学习的效果进行准确评价，体育教师在后续的课中教学设计才有所依据，可见对学生在线教学效果进行评价是必不可少的。在线评价教学效果的途径主要包括：在线测试结果、作业完成情况、学生个人和小组学习总结、学生之间的互评等；在线评价体育教学效果的目的是：了解学生的学习情况及课前教学目标的达成情况，掌握学生在线学习的效果，为后续的课中教学提供依据；在线体育教学评价的内容主要包括：体育知识、技能和从事体育锻炼的方法；在线评价体育教学效果的主体是体育教师和学生，学生主要对自己的学习效果作出总结和评价，体育教师则依据学生的学习效果对在线教学效果作出评价。学生在课前的学习达到什么程度可以正常进行后续的课中教学，目前还没有公认的标准。依据体育教学的实际情况，本书作者在后续的教学实验中规定，当80%以上的学生完成课前学习目标时，体育教师就可以开展后续的体育教学。

2. 对学生在线体育学习效果的评价策略

翻转课堂模式下，学生的课前学习是课中学习的前提和基础，学生只有完成课前的学习目标，后续的课中教学才能顺利实施。如何评价学生的课前学习效果，这是在我国高校公共体育教学中实施翻转课堂所面临一个难点。对于文化课教学来说，教学内容以知识为主，任课教师可以采用在线测试的方式来评价学生对教学内容的掌握情况。但体育教学内容以技能为主，单凭在线测试，体育教师只能了解学生对体育知识的掌握情况，而对学生体育技能的掌握情况却无从判定，这就需要体育教师另辟蹊径。

在信息化社会的今天，智能手机、电脑等网络终端得到了普及，利用各种网络信息平台进行学习和交流已经成为人们的习惯，在此情形下，我们要充分发挥各种信息交流平台的作用，将其应用于实施翻转课堂的教学之中。通过对翻转课堂应用于我国高校公共体育教学的经验总结，对学生在线体育学习效果的评价可以从以下三个方面进行：第一，通过学生在线测试的结果评价学生对体育知识的掌握情况；第二，让学生以组为单位将体育技术动作的练习情况拍成视频，并传至微信、QQ群等信息交流平台，体育教师只需在线浏览几个小组的视频便可以全面了解学生的体育技术掌握情况；第三，体育教师通过信息交流平台发起有关体育技术学习的讨论，并通过讨论情况来评价学生对体育知识、技能的掌握情况。

（二）翻转课堂模式下的课中体育教学策略

课中体育教学是在实际课堂中开展的，体育教师与学生所进行的是面对面的教学，为了达到深度内化学生所学体育知识、技能和方法的目的，体育教师首先要明确课中体育教学的任务，并力求实现高效的课堂教学。总体来看，课中的教学任务主要包括以下方面：第一，规范学生的体育动作技术；第二，对学生课前自主学习中普遍存在的问题进行统一讲解和示范，针对个别小组或个人课前所存在的问题进行个别指导；第三，针对课前所学的内容，组织学生开展讨论、动作技术练习，体育教师以巡回指导的形式，帮助学生解决问题；第四，组织学生开展体育课程学习成果展示，让学生充分感受到在体育课程学习上的进步，从而达到激发学生学习兴趣的目的。翻转课堂模式下，体育教师在实际课堂中所做的工作也是讲解、示范和组织学生参加体育实践活动，与传统课堂并没有本质区别，只是在讲解、示范和组织课堂体育实践活动的时间比重和方法上有所调整。因此，翻转课堂模式下课中体育教学的策略可以从两个方面进行探讨，即讲解与示范的策略、学生从事体育活动的组织管理策略。

1. 课中体育教师讲解和示范的策略

翻转课堂模式下的体育教学，体育教师可以通过在线交流、在线测试的情况，对学生在学习过程中所存在的问题进行了解，对于带有普遍性的问题，体育教师需要在课中进行统一的讲解和示范，对于学习小组或个人的问题，体育教师可以通过个别指导的形式进行解决。就讲解来说，体育教师应该找准问题的主要节点进行"精讲"，从而高效地帮助学生理解，无须再像传统教学模式那样由易到难地进行系统讲解，因为学生在课前已经对体育教学内容进行了自主学习，大多数学生是因为一个或几个点理解不透而导致了问题的出现。如果体育教师再像传统教学模式那样围绕一个问题喋喋不休地进行讲解，不但会过多地占用课堂时间，让学生产生一种厌烦情绪，而且会影响到学生课前在线学习的自主性，如果体育教师在课中依旧过多讲解，学生在课前学习的积极性就会受到影响，与小组成员、体育教师的在线交流也会减少，总是习惯于依赖体育教师的课中讲解，长此以往，翻转课堂就会逐渐回归到传统课堂。

就示范来说，体育教师也应该依据学生体育技术动作学习中的问题，对动作技术的一个或几个关键点进行示范，从而保证示范的针对性和高效性，这样既有助于解决学生的问题，又有助于增加学生体育实践的时间。体育教师课中高效地进行讲解和示范，让学生有了更多的时间进行探究和参与体育实践活动，这种"精讲多练"的课堂有助于真正落实"健康第一"的教学指导思想，大大增加了学生的体育体验，有助于学生对体育知识、技能和方法的深度内化。

2. 课中体育教师对体育教学活动的组织管理策略

课中，体育教师需要通过组织教学活动来加速学生对所学体育知识、技能和方法的内化，活动的形式主要有师生共练、分组探究和练习、组间比赛、学习成果展示、分享学习感受等。所应提出的是，学生在课前虽然对体育教学内容进行了自主学习，但毕竟没有体育教师的亲身指导，所模仿的体育动作技术并不规范，规范学生的体育动作技术就成为课中教学的重要任务，一个重要的方法就是体育教师带领学生一起进行动作技术练习，这一体育实践活动形式是必不可少的，而且这种师生共练的形式应该放在各种体育实践活动的前面，这有助于及时纠正学生的错误动作。分组探究和练习是加深学生动作技术体验的重要途径，组间比赛是营造体育课堂氛围、加强学生团队协作的重要手段，而学习成果展示、分享学习感受则是为了让学生获得体育课程学习的成就感，进而激发学生体育课程学习的积极性、培养学生体育学习的自主性。各种活动有机结合后，有助于达到提高学生身心健康、培养学生能力的目的。

（三）翻转课堂模式下的课后体育教学策略

学生对体育教学内容进行了学习和实践，特别是在课中对各种活动的参与，有助于将所学知识、技能和方法内化为能力，这与学习金字塔理论所提倡的主动学习、建构主义理论所提倡的"以学生为中心"是一致的。但是，如果我们从认识的形成过程和动作技能形成的基本规律来看，学生在课前、课中的体育学习与实践过程依旧是不完整的。在认识形成的过程中，一般需要主体发挥注意、试探、体验、识别、表达、试用、整合、记忆等智力活动的作用。统观学生在课前、课中的学习与实践过程，其本质是学生这一主体发挥注意、试探、体验、识别、表达和试用的过程，所缺少的是对知识、技能和方法的整合以及在整合后的巩固，因而还不是一个完整的认识形成过程。从动作技能形成的基本规律来看，动作技能的形成过程可以分为三个基本阶段，即动作技能的泛化、分化和巩固，学生在课前的在线自主学习过程属于动作技能形成的泛化阶段，在课中参与的各种体育实践活动主要属于动作技能形成的分化阶段，所缺少的是动作技能形成的巩固阶段。依据认识形成的基本规律和动作技能形成的基本规律可知，在翻转课堂模式下的高校公共体育教学中，大学生的体育学习还需要一个巩固的过程，如何引导大学生在课后及时巩固所学的体育课程内容已经成为主要的教学任务。鉴于大学生具备一定的逻辑分析能力，引导大学生反思和总结学习过程中的问题以提高其日后学习的实效，也是翻转课堂模式下课后体育教学的主要任务之一。

翻转课堂的三个阶段是紧密衔接在一起的，从而形成一个有机的学习系统。课前的重点在于对新知识、新技能和新方法的学习，并达到"过关"；课中的主要任务是让学生通过参与探究和各种实践活动，以实现对所学内容的建构和内化；课后通过完成相关的学习任务来实现对所学内容的巩固和拓展。在教学实际中，体育教师可以通过以下三个途径引导大学生在课后及时巩固所学体育课程内容，并通过反思和总结来改善其日后的学习过程。第一，在讨论区或以在线发布作业的形式，达到对学生提出问题巩固练习和反思总结的目的。例如，体育教师在讨论区让学生总结自己在课前、课中的体育课程学习与实践中还存在哪些不足和改善的方法，或者通过在线作业发布的形式，让学生依据本周所学的体育课程内容，由各个小组在某一时间在线提交本小组的学习成果展示视频，并由小组长依据本组成员的学习情况写出简短的小组学习总结。第二，依据体育课程内容对各个小组提出课后互相比赛的要求，小组长在线汇报比赛结果，并将比赛结果与评价结果相结合，以此激发学生在课后巩固体育教学内容。第三，体育教师在课中准备一些与教学内容相关的题目，由学生依据个人兴趣在课后进行思考，同样可以达到巩固所学教学内容的目的。

四、翻转课堂模式下高校公共体育教学的实施

（一）翻转课堂模式下高校公共体育教学的课前实施

1. 在线体育教学平台的选择

学生的课前体育学习是通过在线虚拟网络教学平台实现的，这一平台对学生课前体育课程学习的效果产生深刻影响，因此，在线虚拟网络教学平台的建设自然成为体育教学中实施翻转课堂的基础

和关键。判断一个在线虚拟教学平台的好坏可以从"是否有利于教师的教"和"是否有利于学生的学"两个方面进行。因此，一个好的在线虚拟教学平台应该具备两个特点：一是吸引力强，有利于提高学生的学习效果；二是功能完善，有利于教师课前教学的开展。在线虚拟体育教学平台建设的第一步是选择一个网络教学系统作为平台，之后再展开对平台的建设。随着教学信息化的不断深入，各种各样的网络教学平台不断地出现，例如 Moodle、Canvas、腾讯网络教学平台、网络综合教学平台、Sakai 网络教学系统以及 SPOC①等，这些平台或系统已经被广泛应用于各类课程的教学之中。各种教学平台的功能和特点有所区别，体育教师可以依据个人喜好以及体育课程教学的需求进行选择，最终要达到有利于教师教和学生学的目的。

2. 在线体育教学平台的模块建设

在线网络教学平台的搭建不仅要充分考虑学科和相关课程的特点，还要充分结合教学对象的心理特点，平台的各个模块以及所上传的教学资源组合在一起要能够营造出良好的学习环境，这样才能更好地吸引学生登录学习。除了体育教学资源的上传模块之外，一个好的在线虚拟体育教学平台还应包括师生交流答疑、问题讨论、学习成果展示、在线测试与评价、作业发放与回收、通知发放以及学生信息资料等模块。

（1）体育教学资源上传模块的建设。建设体育教学资源的上传模块主要包括两个方面：一是紧紧围绕体育课程、教学内容上传教

---

① SPOC 一般指小规模限制性在线课程（small private online course，SPOC）。小规模是指学生规模一般在几十人到几百人，限制性是指对学生设置限制性准入条件，达到要求的申请者才能被纳入 SPOC 课程。

学大纲、教学计划、教案、教学微视频、PPT 以及相关教学资源，从而让学生明白要学什么、怎么学、学的目的和基本要求等问题；二是上传与体育教学内容相关的、带有拓展性质的教学资源，例如体育明星在比赛中对某一个体育技能的使用技巧，这不但有助于营造良好的在线体育教学环境，让学生深入了解体育教学内容，而且有利于激发学生的体育学习兴趣，促进学生对体育课程的进一步学习。

（2）师生交流答疑模块的建设。师生交流答疑模块的设置，是为了及时解决学生在体育课程学习中所存在的问题，同时也可以作为师生日常交流的平台。翻转课堂的开创者乔纳森·伯格曼和亚伦·萨姆斯认为，单向传授的视频传播并非翻转课堂的重点，他们最为关注的是有利于发展学生深层次认知能力的师生、生生之间的交流与互动，这足以说明了设置该模块的重要性。翻转课堂是以学生分组为前提的教学模式，学生个体在线体育学习过程中遇到难以解决的问题，一般要先在小组内容进行讨论解决，如果小组内部难以解决，再由小组长统一反馈给体育教师，由体育教师在线解答，也可以由小组长将问题带到课中，由体育教师当面解答。在体育教学实际中，体育教师的时间和精力是有限的，24 小时在线解答学生的问题是不可能的，体育教师可以和学生事先约定好每天在线解答问题的时段，集中解答学生的问题。

（3）问题讨论模块的建设。问题讨论模块的设置为学生之间的交流互动提供了方便，同时也有利于学生实现探究式学习，这对培养学生的逻辑分析能力非常有利。体育教师可以依据体育教学内容中的重点和难点设置出供学生讨论的题目，在必要的情况下，体育教师也可以参与讨论，这又进一步促进了师生之间的沟通与交流。

（4）体育学习成果展示模块的建设。各个小组学生的学习成果展示，不但有助于各个小组之间的学习交流，而且有助于让学生体验到自身在体育课程学习中的进步并产生自豪感，同时对于营造在线体育学习环境、培养体育学习氛围具有重要作用，这也是增加在线体育课程教学平台吸引力的一个重要渠道。同时，学生的体育学习成果展示是学生在线体育课程学习情况的反馈，体育教师依据学生的实际表现，可以对学生体育课程学习的基本情况有直观的了解，为体育教师设计课中体育教学提供了依据。体育学习成果展示的基本形式主要有图片和视频两种直观形式，展示的主体一般是某一小组的全体成员，也可以是某一小组的学生个体，所展示的内容主要是课前在线自主学习的内容。体育教师可以对某一个或几个小组提出体育学习成果展示的要求，也可以对每个小组都提出体育学习成果展示的要求，这要依据各个小组的体育课程学习情况而定。学生所展示的学习成果要求是正面的，这可以激发学生体育课程学习的动力，如果学生所展示的体育动作不规范、所表现的态度不认真，则必然会对各个小组之间的交流不利，也容易让参与展示的学生产生挫败感，这必然会对学生的后续体育课程学习产生不利影响。

（5）在线测试与评价模块。学生依据教学的要求进行在线学习，在学习告一段落之后需要对学习效果进行检测和评价，从而对自身的学习情况有所了解。在线测试的题目是体育教师依据教学内容事先设计的，形式类似于日常的纸笔测验，学生在答题结束后，系统会对答题结果自动分析，直观显示学生的答题情况，并给出简要的评语。体育教师也可以依据学生在线答题的情况，对学生体育知识与技能的学习结果给出评价，评价的内容既可以是鼓励性的语言，也可以是某一问题的知识点以帮助学生理解。

（6）其他模块的建设。除了上述模块之外，作业发放与回收、通知发放以及学生信息资料等模块对体育课程教学具有重要的辅助作用，这也是实现翻转课堂这一信息化教学模式的重要组成部分。体育教师通过在线虚拟体育教学平台发放通知和作业，学生能够通过电脑、手机即时接收；通过平台回收和批改作业，有利于节约资源并能及时反馈给学生；通过学生信息资料模块储存学生的基本信息，这有助于体育教师了解学生，为师生交流也创造了条件。

翻转课堂在体育教学中的实施有赖于各个模块的持续建设，模块建设的水平会对学生的学习效果产生直接影响。另外，在线虚拟体育教学平台的建设既要注重全面性，更要重点突出。例如，对于难点较少的体育教学内容，讨论区就可以少设问题，甚至可以不设问题，而对于难点较多的体育教学内容，讨论区的问题设置自然就成为在线虚拟体育教学平台建设的重点。为了提高学生在线体育学习的自主性，学生对各个模块的学习和参与情况要与体育课程学习成绩挂钩，这样可以在一定程度上督促自主性较差的学生认真完成课前体育课程学习。

（二）翻转课堂模式下高校公共体育教学的课中实施

知识内化分为同化式的内化和顺应式的内化两种。用已有知识理解、包容新知识的过程是同化式的知识内化；用新知识理解、包容已有知识的过程是顺应式的知识内化。知识内化是一点点或一块块进行的，而不是一下子就能完成的，尤其是对于复杂的、非良构的知识。知识内化承载着知识的外部活动向个人思维的内部活动的转化，本质上就是促进思想不断生成与改进的过程。在体育课程学习的过程中，学生既需要在现有体育知识和技能的基础上理

解和掌握新的体育知识和技能，又需要用新的体育知识和技能来
改进和提高原有的体育知识和技能水平，因而同化式内化和顺应
式内化是交替出现的。此外，体育课程的学习具有手脑并用的特
点，其知识和技能都不是学生能够自发建立的，因而学生体育知识
与技能的内化过程也必须要一点点或一块块地来进行。在经历了课
前体育学习之后，学生对体育教学内容有了初步的认识和理解，但
在体育技术动作的规范性和熟练程度上都还存在不足，这就需要体
育教师进一步规范学生的体育技术动作并提高其运用的熟练程度，
通过面对面的讲解、示范、巡回指导以及组织体育活动等来进一步
促进学生的体育课程学习，从而促进学生体育知识与技能的深度
内化。

翻转课堂模式下课中体育课程教学的基本结构可分为准备部
分、基本部分和结束部分，这与传统体育教学的课程结构相类似，
为了真正实现学生知识、技能向各种能力的内化，在课中的基本部
分，翻转课堂将体育教师讲解和示范的时间大幅压缩，从而使学生
从事体育活动的时间容量大大增加，这是翻转课堂与传统课堂的一
个重要区别。

1. 准备部分

翻转课堂模式下体育课程教学的准备部分，主要包括课堂常规
和准备活动，时间一般控制在 15～20 分钟，这与传统体育课程教学
区别不大。课堂常规主要包括整队、考勤、检查服装、布置见习
生、体育教师对课的目标内容和要求进行说明、集中注意力练习及
队列队形练习等。准备活动主要包括教学常规练习、一般发展练习
和专门性练习三个方面。

2. 基本部分

（1）解决学生课前学习中存在的问题。虽然学生在课前对体育

课程内容进行了学习，但总会有学生存在无法及时解决的问题并将问题带到课中，需要体育教师在课中给予面对面的解决。体育教师还可以通过学生的在线测试和评价情况，了解学生课前体育课程学习中存在的问题，并在课中进行有针对性的讲解和示范。是小组或个人存在的问题，就进行个别讲解或示范；是班级学生普遍存在的问题，则对全班学生进行讲解或示范。帮助学生及时解决课前学习中存在的问题非常重要，这是进行课中后续体育教学的基础，忽视了这一点，学生在后续的体育实践活动中就会遇到困难，这会影响到学生体育课程学习的积极性和学习效果。

（2）规范学生的体育技术动作。学生课前在线体育课程学习的基本方式是观看以微视频为主的体育教学资源，体育教师并不在现场。学生通过反复地观看、理解和模仿，初步掌握了体育技术动作的基本原理。但是，由于学生个人在理解能力、体育基础等方面存在偏差，因而并不能确保学生所做体育技术动作的规范性，这就需要体育教师在课中帮助学生规范体育技术动作。及时规范学生的体育技术动作可以避免学生形成错误的动作定型，也为学生后续的体育练习、课堂讨论及学习成果展示等打下良好的基础。一般情况下，体育教师可以通过带领学生共同练习的方式实现规范学生体育技术动作的目的，并在带领的过程中对技术动作的重点和难点进行必要的讲解或提示。

（3）学生分组体育实践、体育教师巡回指导。在规范过学生的体育技术动作之后，体育教师要组织各个小组的学生进行体育实践以巩固体育技术动作。在学生分组进行体育实践的过程中，体育教师巡回指导，及时解决学生体育技术动作练习中存在的问题。

（4）组织学生探究体育问题。探究式教学分为发现式探究教学、接受式探究教学和建构式探究教学三种，它们共同的基本特征是：培养学生的科学态度和科学精神；提高学生的科学探究能力和创新能力；提高学生的科学素质，促使学生理解科学本质。在学生掌握了体育课程的基本知识和基本技能之后，体育教师还应通过组织学生通过相关探究活动进一步提升对所学知识和技能的认识，促使学生的知识与技能内化为能力。课中探究体育问题的基本组织形式可以是问答和讨论，也可以是在体育教师启示下所进行的动作体验。通过了解学生探究体育问题的结果，体育教师可以进一步掌握学生体育课程学习的情况，从而改进后续的体育教学。

（5）组织学生开展体育学习交流与比赛。李秉德（2001）认为，教学过程是一个认识和交往实践统一的过程，把教学过程仅仅说成是一种认识过程，而忽视交往实践方面，显然是不全面的。可见，在学生对体育知识和技能建立正确认识之后，体育教师设计一些促进学生交往实践的环节必不可少，否则，课中体育教学过程便是不完整的。开展体育学习交流与比赛是促进学生相互交往和参与体育实践的重要手段，具体形式可以是体育问题讨论、体育学习成果展示、体育游戏及体育竞赛等。无论体育学习交流与比赛的形式是什么，都要紧紧围绕着课中体育教学的基本目标、内容以及学生体育课程学习的基本情况开展。

（6）身体素质练习。体育课程要求以增进健康为主线，课中应该安排必要的身体素质练习以提高学生的健康水平。

总体来看，翻转课堂模式下的课中体育教学，体育教师讲解与示范得少了，师生、生生之间的交流互动以及学生从事体育实践的时间明显增多，这不仅有助于提高学生的运动参与、运动技能、身心健康和社会适应能力，而且有助于学生所学体育知识与技能的深度内化，从而使"健康第一""提升能力"等体育教育教学理念得以真正落实。实验组基本部分的相对固定，体育教师本着"精讲多练"的原则，在教学过程中依据教学的实际需要确定将哪个环节作为重点，在必要的时候会对课中体育教学环节的顺序进行适当调整或对环节进行适度增减。

3. 结束部分

结束部分是体育课有机组成，时间可控制在 5～10 分钟，基本任务是有组织地结束体育教学活动并进行小结。一般安排一些逐步降低负荷的练习和轻松愉快的活动，以达到放松学生身心的目的。在做小结时，既要肯定学生的学习成果，表扬表现突出的学生以增强学生的学习信心，又要点出学生在学习过程中的不足和完善的方法，以此来鼓励学生对体育课程内容进一步学习与巩固。

总体来看，翻转课堂模式下，学生的学习不再局限于传统课堂，学生的学习平台由传统的一个增加为两个，学生在课前、课中和课后学习被有机地串联为一个完整的学习系统。学生在课前对新内容的学习可以有效地避免体育教师满堂讲解与示范现象的发生，体育教师不再主观地向学生满堂灌输，而是依据学生的实际学习需求进行针对性极强的示范和讲解，从而使学生在体育课中参与各种探究和实践活动的时间大大增加。体育教师讲解、示范，学生静听、模仿的沉闷氛围被打破，取而代之的是贯穿于课堂内外的师生和生生交流，这些变化大大增加了学生对学习内容的内化次数，势必会带来学生知识、技能内化的优化。

（三）翻转课堂模式下高校公共体育教学的课后实施

从认识的规律来看，翻转课堂的课后部分不可或缺。人类的认知服从"感性认识—理性认识—统性认识""具体—抽象—具体"

的规律，认识和实践必须紧密结合。感性认识向理性认识的转换，意味着认识从现象到本质的升华，理性认识向着统性认识的升级，意味着认识已经达到现象和本质的统一。

翻转课堂翻转了教与学的顺序、师生的主体地位，同时也翻转了学生学习的场所，但并不能够翻转认知规律。翻转课堂的实施只有让学生的学习更加符合认知规律，才能让体育课程学习更加有效。从翻转课堂实施的三个阶段来看，课前学生依据在线平台所进行的自主学习，可以看作是对体育课程内容产生感性认识的过程，学生在课中参与体育实践和各种体育活动的过程，促使学生对体育课程内容的认识由感性升华为理性。课后，学生需要对所学体育课程内容进一步巩固，并总结和反思体育课程学习状况，这又促使学生从理性认识进一步升华为统性认识。达到统性认识，意味着学生已经能够区别目标事物的现象和本质，学生的思维能力得以提升。可见，翻转课堂的课后实施是提高学生对体育课程认识的重要部分。翻转课堂的课后实施主要包括两个方面：一是引导学生进一步巩固所学内容，并对学习结果、学习过程进行反思和总结；二是体育教师评价教学效果，反思和总结教学过程并改进教学设计。

1. 学生反思与总结学习过程和效果，巩固所学体育课程内容

每次课程结束之后，学生要对自身知识、技能、方法的学习情况进行综合的反思和总结，找出体育课程学习过程中存在的问题，并在后续的体育课程学习中不断完善以提高学习效果。除了反思学习过程和学习效果之外，学生还需要在课后及时巩固所学的体育课程内容。从方式上看，学习既可以是以个体或小组为单位的练习，又可以是不同小组之间的体育竞赛，还可以是在线平台体育课程内容的讨论与测试，形式较为多样。然而，让学生以自主练习或小组练习的形式在课后巩固技术动作效果并不理想，造成这种情况的原因可能与体育教师没有提出课后巩固所学技术动作强制性要求、学生没有养成课余锻炼习惯以及学生文化课学习任务较重等因素有关。

为了让学生在课后及时反思和总结学习过程和效果，体育教师可以向学生提出在线提交学习总结的要求，并将学习报告的质量与体育课程成绩相挂钩，从而达到优化学生学习效果的目的。为了促使学生课后及时巩固所学的体育技术动作，体育教师可以指定相关学习小组在课后循环进行小型体育竞赛，并将竞赛结果纳入体育课程成绩评定体系。体育教师要事先对竞赛的内容和方式提出要求，以保证能够达到巩固学生体育技术动作的目的。以排球垫球和传球练习为例，体育教师对学生提出每两个小组在课后进行垫球和传球比赛的要求，3 局决出胜负，每个成员 1 分钟的时间，之后，两个小组还可以进行一场 3 局 2 胜的排球比赛，再次决出胜负。比赛结束之后，小组长带领小组成员分析总结获胜或失败的原因，并通过在线交流平台汇报给体育教师。通过组织学生参与课余体育竞赛，不仅可以达到促使学生巩固所学技术动作、反思学习效果的目的，而且有利于培养各个小组之间的团结合作精神、提高学生分析问题和解决问题的能力。

2. 体育教师反思教学过程和教学效果，改善后续的教学设计

在体育课程结束之后，体育教师需要依据教学目标和学生的学习情况，对教学过程和教学效果进行反思和评价，找出体育教学中存在的不足，从而改善后续的体育教学设计。

五、翻转课堂模式下高校公共体育课程教学的评价

教学评价系统是由若干相互作用和相互依赖的教学评价元素组

合而成的具有特定功能的整体，教学评价元素之间的组合方式决定
了教学评价系统的功能。其基本的构成应该包括评价目的、评价标
准、评价主体、评价对象、评价方法、评价内容等要素。评价的目
的、对象使教学评价有了指向性，评价标准使教学评价有了规范
性，评价原则使教学评价有了可控性。明确了教学评价系统的构成
要素之后，分析翻转课堂模式下高校公共体育教学的评价系统便有
了依据，如表 3 - 2 所示。

表 3 - 2　　翻转课堂模式下高校公共体育教学评价系统的构成

评价要素	评价的主要内容
评价目的	以评促建、以评促教、以评促学
评价标准	网络课程评价标准、教学目标
评价主体	以体育教师、学生为主，辅之以同行专家、教学管理人员
评价对象	网络平台建设质量、教师的教和学生的学
评价方法	访谈、调查、在线交流、在线测试、作业、课堂展示等

从现有翻转课堂模式下的教学评价方法来看，各种评价方法之
间存在较大的差异。比较典型的是以汪琼教授为代表的北京大学翻
转课堂教学法慕课教学团队，将翻转课堂模式下的课程评价分为课
程讨论、模块测验、作业和期末考试四个部分，每一部分的评价所
占的分数不同，综合起来形成一个总结性评价。[①] 由于该评价系统
是在 "在线培训翻转课堂教学法" 的背景下提出，故而在评价系统
中没有涉及课中及课后的评价，这与高校公共体育教学中实施翻转
课堂的评价系统存在着重大的区别，如表 3 - 3 所示。

---

① 黄德玲，苏畅，宋琦. 翻转课堂模式下程序设计课程评价体系的构建 [J]. 西
部素质教育，2022，8 (3)：134 - 136.

表 3 – 3   翻转课堂教学法评分标准

评价构成	评价的基本要求
课程讨论 (20%)	学生想要获得满分，需要在课件的"讨论活动"中回帖的数量总共达到50 条及以上；每讲都会制定讨论题目，学生可根据兴趣选择参与
模块测试 (25%)	每次测验包括 10 道题，共 5 分，每次测验允许尝试 3 次，30 分钟内完成，取最好成绩，共有 5 次模块测验
作业 (35%)	某门课程一共有 5 次作业互评，每次作业满分 7 分，具体要求参见每次作业说明。作业互评最少个数为 9 个，互评完成度的奖惩计分规则为：未参与互评的学生将给予所得分数的 30%，未完成互评的学生将给予所得分数的 50%，全部完成互评的学生将给予所得分数的 100%
期末考试 (20%)	包括 40 道题，每题 0.5 分，共 20 分，60 分钟内完成，系统只允许尝试1 次

翻转课堂模式下高校公共体育教学的评价系统应该由线上评价和线下评价两个基本构成部分，线上评价主要在课前实施，线下评价主要在课中和课后实施，评价的终极目的是"以评促学"和"以评促教"，从而不断完善教与学的过程、提高教与学的效果。体育教学评价的实质是从效果和影响两个方面对体育教学活动给予价值上的判定，并引导体育教学朝着预定的目标发展，翻转课堂模式下体育教学评价同样不能偏离这一实质。

（一）翻转课堂模式下高校公共体育教学的课前评价

1. 课前对学生学的评价

课前，学生学习在线体育资源的主要方式是阅读和模仿，学生对体育课程内容还处于感性认识阶段，知识、技术动作还未经历内化过程。因此，课前的评价主要应该围绕学生的知识、技能学习情况来开展。实践证明，让学生在课前通过在线平台进行体育课程学习，如果不对学生的学习状况进行监控和督导，部分学生都难以做到认真学习在线体育课程，这就导致部分学生无法在课前掌握学习内容，体育教师不得不在课中对这部分学生再次进行系统的讲解和示范，翻转课堂在很大程度上又回归到了传统的体育教学模式。

关于学生课前知识、技能学习效果的评价方法，翻转课堂的先驱乔纳森·伯格曼和亚伦·萨姆斯曾经提到，在线测试是检验学生是否理解视频内容的最好方式，这就为我们评价学生课前知识、技能的学习提供了方法指导。在线测试是在线体育课程教学平台的重要模块，体育教师将体育课程教学资源上传到在线平台之后，总是要依据教学内容的重点和难点来设计在线测试题目，学生在学习过体育课程资源之后，需要进行在线测试来了解自己对学习内容的理解和掌握情况。学生在线测试之后提交给系统，系统会自动显示学生的答题情况，体育教师便能全面把握学生知识、技能学习的情况。除了在线测试之外，学生在讨论区的在线交流情况以及师生之间的在线交流情况也是体育教师评价学生知识、技能掌握情况的重要渠道。学生对在线教学平台登录的次数和时间、学生在线讨论的情况以及师生在线交流的情况等，在一定程度能够反映出学生在线体育课程学习过程中所表现出的兴趣、态度以及在学习过程中存在的问题。体育教师还可以通过问卷的形式对学生体育课程学习的情况进行在线调查获取相关数据。在收集了学生学习的相关资料之后，体育教师便可依据教学目标对学生的学习过程和学习效果进行教学评价。

2. 课前对体育教师教的评价

课前，体育教师的主要任务是建设在线体育教学平台，为学生提供优质的在线学习资源和学习环境并吸引学生自主学习，体育教学平台的建设质量会对学生的课前学习效果产生重要影响。可见，课前对体育教师教的评价内容主要是在线体育教学平台建设的质量。在线体育教学平台由不同的模块构成，各个模块综合到一起组成一个有机的在线体育教学系统，因此，课前对体育教师教的评价内容又具体表现为各个教学模块的质量。由于学生课前主要是通过体育教师上传的体育课程资源进行自主学习的，体育课程资源的质量对学生的学习效果产生直接影响，因此，在众多在线体育教学模块中，体育课程资源的上传模块自然就成为评价的重点内容，这些课程资源主要表现为体育教学的微视频、动画以及文字材料。特别是微视频的质量，对学生体育动作的学习产生最为直接的影响，更是评价内容中的重中之重。另外，在线测试模块、作业模块、问题讨论模块等也是评价的重要内容，这些模块的建设质量对学生的学习过程和学习效果具有重要影响。因此，对体育教师课前教的评价，主要是在线教学平台各个模块的建设质量。除此之外，体育教师的交流能力和专业素养也是影响教学质量的重要因素，在此仅对在线体育教学平台建设质量的评价进行分析。

如何对翻转课堂的在线体育教学平台质量进行评价，目前还缺乏可以参考的资料。清华大学教学研究与培训中心的陈海林教授指出，世界各国进行网络教学的探索已有很长的时间，但即便开始较早的发达国家也并未出台广泛认可的网上学习评价方案。①翻转课堂是教育信息化的具体表现形式，是以网络课程为基础的新型教学模式，因此，教育部出台的《网络课程评价标准》也同样适用于翻转课堂网络教学平台的质量评价。为了使评价更加符合体育课程教学的实际需要，体育教师可以在《网络课程评价标准》的基础上，参照教育部发布的《网络课程评价规范》进一步完善翻转课堂模式下

---

① 陈海林. 教学信息 [J]. 现代教育技术，2000（1）：45.

的体育教学评价体系。当然，翻转课堂不等于简单的网络学习，翻转课堂的评价也不能纯粹依据《网络课程评价标准》进行，体育教师在每次课前所布置的问题与任务是重要评判指标。在评价体系确定之后，体育教师可以通过专家和学生的反馈结果对在线体育课程教学平台进行评价和完善，从而达到"以评促建"的目的。

（二）课中对体育课程教与学的评价

体育教师在课中的主要任务是解决学生课前学习中存在的问题、带领学生进行体育练习以及组织学生参加各种学习活动，促使学生所学的知识、技能向能力方面内化，从而实现预定的教学目标。可见，对于课中体育教学评价的主要依据是预定的教学目标。预定教学目标的实现程度表现为教学效果，而教学效果又与体育教师的教学行为和学生学习行为有着直接的关系，因此，课中体育教学评价的主要内容应该包括教学效果、体育教师教的行为和学生学的行为三个方面。对于体育教师教学行为的评价范围较广，其评价的主要内容包括教学设计能力、专业素养、教学方法的使用情况、组织管理能力、沟通交流能力等，而对学生学习行为的评价则主要包括学习态度、学习积极性、学习能力等。

对于体育教师课中教学效果、教学行为的评价，评价主体主要有体育教师本人、学生、同行专家以及教务管理部门的人员等，评价方法可以采用量表、访谈、问题反馈以及课后在线评价等形式；对于学生课中学习行为的评价，可以采用体育教师评价、小组成员评价和学生自我评价等方式，这种评价可以在课中的后半部分进行，也可以在课程结束之后，师生以在线评价的形式进行。对于学生学习效果的评价，体育教师可以在课中的后半部分安排学习效果展示、教学比赛等环节，通过观察获得直观的信息，同时还可以在学习效果展示、小型教学比赛结束后及时进行学生自评和学生互评，结合体育教师直接观察的结果，体育教师便可以获得客观的评价信息。

（三）翻转课堂模式下学生体育课程成绩的评定

高校学生在经历一学期的体育课程学习之后，最终要获得一个体育课程成绩。传统体育教学模式下，体育教师是评价的唯一主体，在同一评价标准下，体育教师通过纸笔测验、技能考核和素质测试等形式，对学生体育课程学习结果进行打分，综合起来形成一个分数便是学生的成绩。这种看似公平、公正、公开的评价方式完全忽略了学生之间的个体差异，严重偏离了"以评促教""以评促学"的目的，影响了部分学生对体育课程进一步学习的兴趣和信心。

翻转课堂模式下，高校公共体育课程成绩的评定发生了重大改变。大多研究者赞成评价主体和评价内容应该多元化，并从质性评价和量化评价两个方面进行综合考核评定，从而改善传统教学考核主体和考核内容单一的现状。体育教师不再是唯一的评价主体，学生自评和小组评价也被纳入评价结果之中。除了统一的评价标准之外，为了尊重学生的个体差异、激发学生体育课程学习的兴趣，学生的进步程度也是重要的评价内容。考核的内容和方式更加多元化和全面化，在评价方式上，知识、技能、素质、出勤率、课中表现以及在线学习情况等都被纳入考核之中，不同的考核占据一定的比例，最终形成一个综合性评价结果。

在本次教学实验中，对学生学习结果的最终评价就充分地考虑到了这一点，采用了教师评价、小组评价、学生自评、知识测评、技能评价、体质测试六个方面相结合的综合性评价方式，各种考评所占比例不一。体育教师评价占20%，小组评价和个人自评分别占10%，知识考核占10%，技能考核占30%，体能测试占20%。

第二节　高校公共体育教学引入翻转课堂模式的价值

第一，有助于高校体育教学真正贯彻"健康第一"的指导思想。"健康第一"是我国体育教学的指导思想，这已不容置疑。但是，在传统体育教学模式下，讲解与示范占据了课堂大部分时间，学生探究与实践的时间严重不足，在此情况下，提高学生身体健康、心理健康和社会适应能力的目的很难达到，因而"健康第一"的指导思想受到了多方质疑。翻转课堂模式下，学生课前通过在线虚拟课堂学习教学内容，体育教师在课中无须进行满堂讲解与示范，角色从"演员"转换为"导演"。在线虚拟课堂的加入、师生角色的转换以及体育课堂上教师讲解与示范时间的让位，能够激发不同学生的学习兴趣，学生在课堂上交流、探究和从事体育实践的时间大大增加，这有助于切实提高学生身体、心理健康水平和社会适应能力，从而有助于在高校公共体育教学中真正贯彻"健康第一"的指导思想。

第二，推动了高校体育教学信息化的发展。在信息化社会的今天，学生的生活方式和学习方式发生了深刻的变化，借助手机、电脑等信息化终端进行学习和交流已经成为日常习惯。为了适应社会的变革，将信息技术广泛应用于教育领域已经成为时代发展的必然趋势，这对提高教育教学质量、优化人才培养模式具有重要的现实意义。遗憾的是，我国高校体育教学领域虽然历经多次改革，但改革后的体育教学并没有真正重视信息技术的应用，以体育教师讲解和示范为主的灌输式教学并没有发生实质性改变。体育教师对课堂的主宰严重违背了学生的日常生活和学习方式，学生的学习兴趣和主动性严重丧失，高校公共体育教学效果低下的现状依然没有得以有效解决。在信息社会的时代背景下，基于信息技术的变革、人性学习需要的满足和解决课堂教学现实困境的需要，翻转课堂应运而生。翻转课堂被视为信息技术与教育教学有机结合的成功范式，它所蕴含的教育教学理念也得到了教育界的广泛认可。在我国高校公共体育教学中实施翻转课堂，高度迎合了大学生的生活方式和日常习惯，学生的体育课程学习更加自然化、趣味化和个性化，这对推动我国高校公共体育教学信息化的进程具有重要意义。

第三，有助于解决高校公共体育教学中统一化和个性化之间的矛盾。一直以来，我国高校公共体育教学在教学目标的制定、教学的实施、体育知识、技能的考核等方面，均采用了"一刀切"的方法，学生的学习起点被体育教师主观预设为同步，表现出了明显的标准化和统一化特征，这种做法看似面对全体学生，事实上却是对学生个体差异的严重忽视，最终导致我国高校公共体育教学的安排严重脱离学生实际。事实上，以班级授课制为表现形式的高校公共体育教学离不开统一化教学，否则便会影响体育教学计划的正常实施。但是，在强调体育教学的标准化和统一化的同时，还应注重体育教学的个性化，从而使体育教学安排更大程度上符合学生的实际。

翻转课堂模式下的体育教学同样具有统一化的特点：体育教师将教学资源统一传至在线体育教学平台供学生学习，为解决学生普遍存在的问题，体育教师在课中依旧需要面对全体学生进行讲解和示范，为了规范学生的体育技术动作，提高学生的体育能水平，体育教师经常要带领学生一起进行体育练习等，翻转课堂模式下的体育教学设计和实施表现出了明显的统一化特征。翻转课堂模式下的体育教学还表现出了明显的个性化特征。在教学目标设计方面，不同学生既有小组教学目标，又有个体教学目标。在教学实施方面，课前，学生可以依据自身的需要选择性学习相关体育教学资源，并自主控制学习的时间、地点、进度和速度；课中，体育教师依据学生个人存在的问题进行针对性讲解和示范。在教学评价方面，学生可以根据在线测试的情况自评学习效果。可见，翻转课堂的实施解决了高校公共体育教学统一化和个性化之间的矛盾，实现了教学统一化与教学个性化的统一，这不仅有利于我国高校公共体育教学的顺利开展，还有利于课堂教学效果的优化。

　　第四，有助于高校公共体育教学实现工具性与人文性的统一。布卢姆将教学目标分为认知领域、情感领域和技能领域，认知领域和技能领域的教学目标体现了教学的工具性，而情感领域的教学目标则体现了教学的人文性。工具性重实用、重实践，人文性重精神、重情感。一直以来，虽然布卢姆的教学目标分类体系得到了教育界的广泛认可，但情感领域的教学目标往往未能得到重视，"重知识与技能，轻情感体验"的现象依然存在于各种学科的教学之中，这一点在我国高校公共体育教学中最为常见。在高校公共体育教学中，体育教师往往将教学作为传授知识与技能的工具，而对学生的情感、态度、人格需求等却疏于关注，从而使体育教学的人文性严重缺失。结果，虽然学生在体育教师的灌输下提高了体育知识、技能，但学生对体育及体育课的情感却并未建立，学生的体育意识也较为缺乏。显然，当前我国高校公共体育教学"重工具，轻人文"的做法严重不妥，为了全面提升学生的体育素养、提高学生体育学习的积极性，我国高校公共体育教学必须坚持工具性与人文性的统一。

翻转课堂模式下，体育教师通过整合优质的体育教学资源为学生课前学习体育知识与技能提供保障，课中通过必要的讲解示范来提高学生对体育知识与技能的认知水平，这充分说明，翻转课堂模式下的体育教学非常重视学生知识、技能的学习，因而依然具有"工具性"特征。此外，翻转课堂模式下的体育教学非常重视通过各种探究和体育实践活动增加师生、生生之间的互动与合作，从而让学生获得充分的情感体验，以此达到培养学生学习兴趣、端正学生学习态度的目的，因而翻转课堂模式下的体育教学具有明显的"人文性"特征。综合来看，在高校公共体育教学中实施翻转课堂，解决了高校公共体育教学"工具性"与"人文性"失衡的问题，实现了"工具性"与"人文性"统一，有利于全面发挥高校公共体育教学的功能。

第五，有助于提高体育课堂实效。体育教学实验的结果显示，翻转课堂模式下，学生在技能掌握、锻炼态度的提高方面明显好于传统体育教学模式，这充分证明，在我国高校公共体育教学中实施翻转课堂有助于提高课堂实效。

第三节　高校公共体育教学翻转课堂模式的问题与建议

一、翻转课堂引入高校公共体育教学存在的问题

（一）学生课前学习的自主性有待进一步提高

翻转课堂的实施有赖于学生课前的自主学习，体育教师在课前

将体育课程资源上传到网络教学平台，学生依据学习任务在线学习体育课程资源并达到初步掌握的程度，在学习过程中遇到问题可以通过在线交流平台与同学和体育老师进行沟通。由于学生在课前对体育课程内容进行了学习，体育教师只需要在课中依据学生的学习情况进行必要的讲解和示范，这大大减少了体育教师讲解和示范的时间，学生在课中参与体育实践和探究活动的时间容量自然增加，从而为学生体育知识、体育技能的内化提供了保证。可见，学生能否按照要求对在线体育课程资源进行自主学习是影响体育教学效果的关键。因此，在我国高校体育教学中实施翻转课堂，体育教师要注重培养学生的学习自主性，否则，翻转课堂在我国高校的实施就会遇到难以逾越的障碍。

（二）翻转课堂的实施要对体育教师的能力与素养发起挑战

翻转课堂实施的成败，体育教师起着关键性作用。翻转课堂翻转了教与学的过程、翻转了教师与学生的主体地位，这不仅需要体育教师要从教学理念上进行彻底的转变，而且对体育教师的能力与素养提出了较高的要求。学生课前体育知识与技能的学习、课中体育知识与技能的内化、课后体育知识与技能的巩固以及对学习效果和学习过程的总结与反思，无一不是在体育教师精心策划与设计下进行的。特别是网络教学平台的选择、建设，对体育教学内容模块的合理切割，对在线教学资源的持续更新与完善，与学生的在线沟通交流与面对面互动，对课中体育教学活动的组织与管理，对学生在线学习情况、课中学习情况的评价等，不仅需要体育教师具备较高的计算机水平，还对体育教师的专业素养提出了更高的要求。总体来看，在高校公共体育教学中实施翻转课堂，对体育教师的综合能力和素养提出了一系列的挑战。

（三）网络学习环境制约翻转课堂在高校公共体育教学中的应用

实施翻转课堂，师生不仅需要具备电脑或智能手机等网络终端设备，而且需要完善的网络环境，这是实施翻转课堂的前提条件。从硬件条件来看，高校学生人手一个智能手机成为现实，绝大部分学生还有个人电脑，因此，在高校实施翻转课堂的硬件条件已经具备。从网络环境来看，高等院校的信息化教学水平还存在一定的差异，虽然大多数高校学生的宿舍配备了有线网络，但并不是每个学生都具备个人电脑，而无线网络并不是每个高校都达到了全校覆盖的水平，在此情形下，学生依靠智能手机下载网络资源就会因流量消耗过多而怨声载道，这就为翻转课堂的实施带来了障碍。

（四）翻转课堂在高校公共体育教学中缺乏理论研究基础和实践经验

当前，翻转课堂的理论研究和实践研究都还不够深入和系统，翻转课堂的理论体系并没有被完善地构建出来。部分学者提出的翻转课堂实施准则、实施方法、教与学的评价方法等还缺乏让人信服的依据。翻转课堂在体育教学中的理论与实践研究文献非常欠缺，在体育教学中实施翻转课堂还面临着很多亟待解决的问题，翻转课堂在高校公共体育教学中的实施缺乏可以借鉴的经验和标准。翻转课堂在体育教学中该如何实施，教学效果达到什么程度才算成功，所有的这些问题还有待解决。由于实践经验的缺乏，致使翻转课堂的实施效果无法准确判定，这就使翻转课堂在高校公共体育教学中的应用和推广困难重重。

（五）翻转课堂的实施增加了高校公共体育教学的成本

一方面，翻转课堂的实施增加了高校公共体育教学的时间成本和经费投入。由于翻转课堂是基于在线网络教学平台和实际课堂来实施的，在线网络教学平台的选择和建设是一个系统的工程，加上体育教师需要及时地给予学生在线指导，这不仅要求具备健全的网络教学条件以支持在线体育教学的实施，而且会耗费体育教师较大的时间和精力；从学生的学习来看，学生在课前对于在线网络资源的学习同样要耗费一定的时间和精力，健全的网络教学条件和学习终端也是学生开展学习的必要条件。由此可见，与传统体育教学相比，翻转课堂在高校公共体育教学的实施中直接增加了体育教学的时间成本和经费投入。

另一方面，翻转课堂在高校公共体育教学中的实施增加了师生的健康成本。翻转课堂的实施大大增加了师生与网络终端之间的接触时间，尤其是体育教师方面，在线体育教学资源的制作和整合、在线体育教学平台的持续建设和管理、对学生课前学习的在线指导与在线沟通，这些工作的开展大大增加了体育教师与电脑、手机的接触时间，因而会对体育教师的生理和心理健康不利。

二、翻转课堂引入高校公共体育教学的建议

(一) 注重学生自主学习能力的培养

自主学习作为一种有效的学习方式和相对稳定可迁移的学习能力，不仅有利于提高学生的学习成绩，也是实现终身学习和毕生发展的前提和基础，特别是对学生自主学习能力要求较高的翻转课堂教学模式，培养和提高学生的自主学习能力显得尤为必要。

英国教育家齐莫曼（Zimmermann）认为，系统地培养学生自主学习能力应从四个方面着手：对学习的内在动机性因素进行干预，

激发学生的内在动机；注重学习策略教学，教给学生充足的认知策略；促进学生的元认知发展；培养学生主动营造或利用有利于学习的社会和物质环境的能力。由此可知，采取干预措施、激发学生的学习兴趣是培养学生自主学习体育课程的第一步，在此基础上，体育教师还需给学生提供学习体育课程的策略指导，并教会学生在体育课程学习过程中进行观察、模仿、记录、自我评价的基本方法，以及与其他学生沟通交流的基本技巧等。体育教师在实施翻转课堂的过程中还应采取一定的措施来促使学生主动学习体育课程。例如，将学生的登录次数和时长与期末考评成绩挂钩，在课中对学生的课前学习情况进行检查，并作为评价日常学习情况的依据，对没有按要求完成课前学习任务的学生进行及时督促等，这些都是促使学生在课前完成在线学习、培养学生自主学习能力的有效措施。

（二）提高体育教师的能力和素养，重视翻转课堂团队建设

无论何种教育教学改革，教师始终是改革成败的核心与关键。翻转课堂是一个完整的教学系统，而让这一系统功能得以发挥的正是体育教师。在线体育教学平台的建设和使用，课中体育教学的组织和管理，课后对体育教学的反思和完善，对学生课前、课中以及课后学习的策划、设计与指导，这些都是体育教师的工作内容，这不仅要求体育教师具备一定的计算机水平和资源整合能力，而且还对体育教师的教学水平、沟通能力等提出了较高要求。以在线体育教学平台的建设和使用为例，体育教师在每次课之前都要录制、整合出高质量的视频，同时还要准备一些与体育课程内容相关的其他教学资源以拓展学生的视野、满足学生的需求。既要持续更新在线测试的内容，同时又要对学生的作答情况进行评价；既要组织学生进行在线讨论问题，又要发布通知通告；既要通过在线交流解决学

生学习中遇到的问题，又要对学生在线学习的情况进行督导；等等。所有的这些工作都对翻转课堂的实施效果有着重要的影响。可见，从传统体育课堂转变为翻转课堂，体育教师在能力和素养方面必须作出适应性提高。

翻转课堂模式下的体育教学工作更为繁多，由于体育教师的时间、精力和能力是有限的，单靠一人的力量很难保质保量地完成教学工作，为了使翻转课堂的实施效果有所保障，建立教学团队就显得尤为必要。建立翻转课堂教学团队，既可以让体育教师从繁重的工作中解脱出来，又可以通过教学团队成员之间的分工合作，共同推进体育教学工作的开展，促进体育教学质量的提升。

（三）积极完善高校信息化教学环境

以信息化带动教学现代化已经成为高等教育发展的必然趋势，如何以信息技术与教育技术为基础，在高校中构建系统、高效和实用的信息化教学环境，成为我们教育技术工作者需要深入探索的课题之一。翻转课堂正是以信息技术和教育技术为基础、以信息网络和多媒体终端为载体、以资源共享和在线指导为特征的新型信息化教学模式，它的有效实施必须以完善的信息化教学环境为基础。在智能手机和计算机较为普及的大学校园，为了充分发挥这些信息终端在信息化教学中的作用，推动以翻转课堂为代表的各种信息化教学模式的顺利实施，建立完善的网络环境就显得非常必要。

（四）大力加强翻转课堂在高校公共体育教学中的理论与实践研究

翻转课堂从 2011 年传入我国，到目前为止经历的时间并不长，关于如何将翻转课堂引入体育教学的探讨更是处于起步阶段，无论是理论研究还是实践经验都较为匮乏，这就使翻转课堂引入体育教学之中困难重重。为了推动高校公共体育教学信息化的发展和我国高校公共体育教学改革的进程，探索和完善翻转课堂在我国高校公共体育教学中的理论体系和实施标准具有重要意义。构建一套适用于我国高校公共体育教学的翻转课堂理论体系和实施标准不是一件一蹴而就的事情，有赖于体育教育工作者对前人理论研究和教学实践的深入总结，更离不开自身在高校公共体育教学实践中的不断探索，这必将是一个艰难而漫长的过程。

（五）注重体育教学的安全防范

身体直接参与、体力与智力活动相结合、身体承受一定的运动负荷是体育教学的基本特征，不同的体育项目又有各自的特点，各种体育项目都或多或少存在着运动损伤的风险，因而安全防范始终是体育教学需要重视的问题。翻转课堂模式下的体育教学，学生课前依据体育教学视频等教学资源，理解体育动作要领并反复进行动作模仿，以此达到初步掌握技术动作的目的，这种自主学习的形式缺少了体育教师对学生的监督与管理，出现运动损伤的概率存在增加的可能。因此，为保证翻转课堂的正常开展，体育教师需要做好课前体育学习的安全防范工作。体育教师要充分考虑到教学内容中潜在的运动损伤风险，注重培养学生的安全意识和自我防护能力。体育教师可以通过在线交流平台或者上传的体育教学资源，明确提出可能存在的运动损伤风险及防护办法以避免发生运动损伤。

（六）极力避免翻转课堂的异化

翻转课堂不是对传统体育教学缺陷的缝缝补补，而是在理念、教学结构、实施方法等方面进行了革命性改变。在高校公共体育教学中实施翻转课堂，需要体育教师深入研究翻转课堂基本理论，正确认识翻转课堂的价值和实施条件、实施方法等，以提高课堂实效为根本目的，结合体育学科的基本特征和学生的身心特点开展翻转课堂实践，切忌追求形式而忽视体育教学效果，从而避免翻转课堂的异化。

第四章　高校传统体育教学
翻转课堂模式构建

翻转课堂作为网络信息技术与计算机技术结合的新型教学模式，为推动我国体育教育事业发展提供了符合时代的教学手段。本章内容包括传统体育文化的主要特性以及将翻转课堂引入高校传统体育教学的策略探讨。

第一节　传统体育文化的主要特性

我国是一个有着悠久历史的文明古国。传统体育项目是中华民族世代实践、产生、发展并流传至今的体育项目，这些丰富多彩的传统体育项目是中华民族宝贵的文化遗产。传统体育文化有以下四个特性。

一、竞技性

竞技性是体育文化共同的本质特征，也是体育文化的魅力所在。传统体育文化的竞技性表现得更加丰富多彩，因为传统体育文化产生于不同的文化生态环境，一些还保留着原生态的文化因子。

龙舟竞渡是我国多个民族所共有的传统体育项目，它是中国文化当中龙文化特征的完美体现，与地理环境、生产生活方式相融合，经历了漫长的发展过程，集思想性、竞技性、娱乐性为一体。龙是中华民族的象征，人们自称是龙的传人，在中国古老文化的漫长历史中，有许多关于龙的传说并由此衍生出各种各样以龙为主体的活动，龙舟竞渡在众多活动中具有久远的经历和丰富的文化内涵。

二、表演娱乐性

体育是以身体动作、行为为载体表现出来的一种外显文化。民族传统体育文化独具艺术魅力，表现出极强的表演娱乐性。民族传统体育文化活动可以展示民族风采、显示民族力量、振奋民族精神，达到愉悦身心、调节情感、陶冶情操的目的。①

三、健身性

健身性是民族传统体育最基本的功能，是各民族生存和发展的需要。在远古时期，生产力水平低下，生存环境恶劣，出于生存的本能需要，人们在一些自然的身体活动中寻求调节和恢复体力的方法。在原始氏族社会，人类的祖先就已经掌握了简单的养生健身方法，随着人类对自然界和自身认识的不断加深，养生健身理论随着实践逐渐形成。由于各民族生活的自然环境、生产生活方式等各方面的差异，各民族形成了形式多样、风格独特的健身方法。据史料

---

① 卢元镇. 中国体育文化纵横谈［M］. 北京：北京体育大学出版社，2005.

记载，在我国的商代医疗运动已经系统化。中国先秦古籍《吕氏春秋》《黄帝内经》等书籍记载了在远古时期，黄河流域洪水泛滥，很多人患上了风湿、水肿、关节炎等一类疾病，先民们在长期生活经验的基础上，总结出了"舞""导引""按""跷"等运动和按摩的方法用来治疗疾患，以达到保健、健身、养生的目的。①

四、仪式性

从文化人类学的视角探讨民族传统体育文化，人们能够真正理解民族传统体育文化的内涵，了解其本质属性。民族传统体育文化不是纯粹的仪式，但是仪式是民族传统体育文化的主要来源之一，民族传统体育文化来源于民间信仰、地方风俗、民族伦理、民族艺术等，有的民族传统体育文化活动同时包括上述多种因素。仪式性是体育的重要本质特征之一，在民族传统体育文化当中表现得尤为突出。

第二节　翻转课堂引入高校传统体育教学的策略探讨

一、高校体育教学合理利用翻转课堂的实际意义

随着我国经济的飞速发展，现代化互联网信息技术与多媒体技

---

① 郝勤. 体育史［M］. 北京：人民体育出版社，2006.

术已成为国民生活、学习、工作中不可缺少的重要内容，翻转课堂将两者合理应用，并进行有机结合，大幅推进我国高校体育教学的发展。一方面，学生在课前利用网络下载相对应的教学内容进行课前预习，进而提升学生在实际教学课堂中的学习效率与学习质量；另一方面，学生在课后可通过观看教学视频，进而达到巩固知识，加深课堂学习印象的目的。

（一）有利于促进教师与学生间交流互动

由于翻转课堂具有互动性特点，因此翻转课堂对提高学生与教师交流频率、互动质量具有重要意义，使学生和教师均可在交流互动中形成彼此促进的关系。基于翻转课堂在实际课堂教学中的应用，学生对课堂知识进行提前预习，可使教师减轻教学负担，利用多余时间进行疑难问题解答或针对学生自身特点进行个性化指导。例如，在体育教学活动中，教师讲述动作难度较大的课程前，督促学生提前下载课程教学视频，思考教学中体育动作的关键点，并依照视频讲解进行尝试性模仿。由于学生在实际课堂学习前已对课堂内容有了初步了解，进而促使教师在实际教学课堂中提高教学质量和教学效率。由此可见，翻转课堂的合理利用，可使作为体育教学主要指导人员的体育教师获得较多时间，实现与学生互动交流，并构建良好的学习氛围，在课堂教学中互相促进、互相学习。

（二）有利于缩减体育课堂理论教学时间

体育教学的最终目的是培养高校学生良好的身体素质和运动能力，因此体育教学的关键在于合理的体育动作练习。然而，现阶段我国高校体育课中，实际练习与理论教学矛盾化严重，高校体育课堂时间普遍为 40 分钟，如何在有限的时间内完成体育动作练习并充分讲解理论知识，成为困扰我国高校体育教师的普遍性问题。体育教师理论知识讲解时间过长，必然缩短学生体育动作练习时间，反之，则导致理论知识教学不够充分，学生难以在坚实的理论基础上进行合理的动作练习。翻转课堂的出现，使上述问题得到实质性解决，由于学生在课前已经对理论知识产生初步了解，对体育动作要领得到一定认知，进而大幅降低体育教师在课堂中的教学难度，获得充分时间组织学生练习体育动作、探讨技术要领，甚至可使教师完全去除理论教学部分，将体育教学提高学生综合素质的实际意义充分展现。翻转课堂保障了高校学生充分的体育练习时间，是解决我国高校体育教学缺乏实质意义的关键因素。

（三）有利于提高体育教学动作示范质量

人类获取信息的主要方式是通过视觉器官与听觉器官，其中视觉器官获取的信息总量占到人体全部获取信息量的65%。在体育教学中，学生进行体育学习的主要方式是通过观察教师示范性体育动作，进而体会动作要领和具体动作形式。

自20世纪90年代，我国高校实行全面扩招政策，高校学生数量大幅增加，高校体育教师人手紧缺，进而导致高校降低了体育教师的招聘标准。体育动作示范质量较低，已成为我国高校体育教师普遍存在的问题。在传统的体育教学中，体育动作多以教师或能力较强的学生进行示范、演示，其体育水平距专业运动员差距较大，致使学生难以将学习效率最大化。然而，在基于翻转课堂的互联网视频教学中，体育动作示范人员多以专业运动员或全国优秀体育教师为主，其技术水平远高于普通高校体育教师。因此，结合现代化翻转课堂教学模式的体育教学，学生根据视频中专业运动员或优秀体育教师的动作演示完成学习，大幅提升了体育教学质量，使学生较为容易地掌握体育动作要领。

二、高校传统体育教学中翻转课堂的运用策略

（一）策略一：理论与实践相结合

高校体育课程与其他课程相比具有特殊性，其特点在于体育的技能性与理论性同等重要。一方面，理论性较高的体育学习资料在互联网虚拟教学平台上主要以图文形式存在；另一方面，技能性较高的学习资料主要以动画或小视频的形式存在。因此，高校体育教师应将多种体育教学资料进行关联式应用，将理论资料作为体育教学的基础，技能资料作为理论基础的实践。

互联网视频、动画是翻转课堂模式下的体育教学的基础，因此教师在实际教学工作中，应利用互联网搜寻高质量理论资料与技能资料并及时提供给学生，为翻转课堂引入高校体育教学提供基础保障。

（二）策略二：积极制作视频教学

在翻转课堂的背景下，教师不仅要将现代化视频、动画教学合理应用，还要具备制作体育教学视频、动画的技能，并将制作完成的视频传送至专业体育运动员进行严格审核，待审核通过后将视频上传至网络。此方式是促进各高校不同水准体育教师互相学习、互相促进的有效手段，可将体育自身优势展示给其他体育教师及学生参考学习，进而提升我国体育教师的整体水平，对我国高校体育教育起到推动作用。

（三）策略三：构建网络学习平台

当今，现代化信息技术与网络技术急速发展，计算机、手机等现代化信息设备成为我国普及率极高的信息获取工具，高校学生通

过互联网寻找体育教学视频较为容易。然而，虽然网络视频数量巨大，搜寻简单方便，但是缺乏系统化针对高校体育教学视频的整理编排，例如，学生经常出现找到视频上部，却找不到下部视频的情况。因此，高校建立校内网络学习平台，为学生提供系统化的体育教学视频尤为重要。校方可通过合理运用本校计算机专业教师，或聘请社会计算机人才，构建校园体育网，并对互联网中大量的体育教学视频进行整理，选出优秀视频进行系统化编排，最后上传至校园网，为学生系统化体育学习提供基础保障。并在网站建立师生评论区和疑惑解答区，一方面，学生通过学号注册校园体育网会员，在观看视频后对视频进行评论或提出问题；另一方面，教师应积极参与和学生的交流互动，及时对视频评论区的观点进行回复，对疑惑解答区的问题进行排疑解难。进而，实现体育教师与学生间的高效互动。

在现代化信息技术的支持下，翻转课堂作为体育教学中全新的教学模式，对于提升体育教学质量、提高学生学习效率具有重要意义。然而，要将翻转课堂理念引入高校体育教学中，教师必须积极为学生寻找高质量的教学视频，并积极制作视频上传于网络，校方应加大体育教学平台的构建，并使教师参与其中，进而将翻转课堂理念贯彻于我国高校实际的体育教学中。

第五章　高校体育球类运动教学翻转课堂模式构建

翻转课堂是教育形态对信息化社会的适应性结果，有利于提升教学效果。运用翻转课堂教学模式开展高校球类运动教学，能够体现学生学习主体地位和教师的主导作用，充分发挥了学生的主观能动性，提高了学生的综合能力，促进了学生自主学习能力。本章围绕高校足球、排球、篮球、羽毛球教学翻转课堂模式展开论述。

第一节　高校足球教学翻转课堂模式

一、足球运动认知

足球运动是一项古老的体育活动。它最早起源于我国古代的一种球类游戏"蹴鞠"，后来经阿拉伯人传到欧洲，发展成现代足球。所以说，足球的故乡在中国。据说，希腊人和罗马人在中世纪以前就已经从事一种类似足球的游戏了。他们在一个长方形场地上，将球放在中间的白线上，用脚把球踢滚到对方场地，当时称这种游戏为

"哈巴斯托姆"。现代足球的起源地是英国。19世纪初叶，足球运动在当时欧洲及拉美一些国家，特别是在英国已经相当盛行。直到1848年，足球运动的第一个文字形式的规则"剑桥规则"诞生了。

所谓的"剑桥规则"，即在19世纪早期的英国伦敦，牛津大学和剑桥大学之间进行足球比赛时制订的规则。因为当时学校里每套宿舍住有10个学生和1位教师，因此他们就以每方人员进行宿舍与宿舍之间的足球比赛，现在的11人足球比赛就是从那时开始的。1863年10月26日，英国足球协会在伦敦召开了一次在现代足球史上十分重要的会议，草拟了比赛规程，但有些条文与现在的规则相去甚远。

SPOC（small private online course，SPOC）是一种小规模、具有限制性地针对在校学生学习需要所设计的在线式课程教学，能帮助大学生提高学习兴趣，以实现提高教学效果之目的；翻转课堂倡导以学生为主体地位，通过课堂内外时间的有效调整，由学生自主学习。高校足球教学是提高大学生体质以及培养职业化、专业化足球人才的重要途径，通过科学有效的教育教学培养手段，可有效提升我国高校足球教育教学水准。随着我国足球运动事业的进一步发展，传统的高校足球教学模式已经难以满足我国足球专业发展的需要，亟须进行及时的创新与改革。而把 SPOC 与翻转课堂相互结合应用到高校足球教学当中，将会是一种更新颖的教学方式，相信"SPOC + 翻转课堂"教学模式必定能够为我国足球教育改革探明方向。

二、基于"SPOC + 翻转课堂"的足球教学模式

（一）"SPOC + 翻转课堂"教学模式的主要特点

1. 能够帮助学生掌控学习

在传统的高校足球教学活动当中，由于时间与空间的限制，学

生很难能根据自己的需要实现自由学习。而"SPOC + 翻转课堂"则能够通过加入视频教学手段的方式,让学生可以根据自己的实际需要,去合理地安排自己所要学习的内容与学习的时间,对自己的足球学习与训练充分掌控。针对课堂教学中没有搞清楚的内容,学生也可以利用"SPOC + 翻转课堂"教学模式进行查漏补缺,自由掌握学习节奏的快慢,给予学生思考和记录的时间,或者是在根据视频教学内容进行练习的时间间隙,确保学生能够自己掌控学习,从而达到较好的学习效果。针对传统的高校足球教学模式中足球专业教育两极化严重,课堂教学灵动性较差这一问题,"SPOC + 翻转课堂"教学模式能够为不同层次的学生提供教学帮助,促使其更加清晰地寻找到自身定位,从而开展高效的教学活动。

2. 有助于加强师生沟通互动

"SPOC + 翻转课堂"教学模式的另一特点就是能够加强师生间的沟通与互动,帮助教师更加全面地了解学生的实际情况,从而从班级整体的角度出发,科学合理地设计课堂教学环节与内容,提高足球教育教学的质量。在传统的高校足球教学当中,学生自主学习能力和学习思维受到了限制,不能充分发挥自我,也很难全情投入课堂教学活动中。"SPOC + 翻转课堂"则能帮助教师对学生的学习状态和学习情况进行掌握,与学生进行沟通和交流。在传统课堂教学活动中,教师要做的工作非常多,因此常常会忽视学生的学习情况,很少有时间与学生进行交流。而"SPOC + 翻转课堂"是对课堂教学模式的优化,实际上也是对教师工作的解放,在整个教学过程中教师需要做的就是对学生进行引导,把握课堂教学走向,也就给予了教师更多的时间来进行师生间的交流互动,学生也会更加愿意通过互联网的方式和教师进行及时联系沟通,解决学习中遇到的具体问题。

3. 能够优化课堂教学管理

传统的课堂教学管理内容环节较多，教师需要密切关注学生在课堂教学活动中的动向。传统课堂教学是一对多的活动，当学生在课堂学习中分神的时候，教师很难注意到并及时进行引导，因此导致其教学效果难以得到有效的提高。而应用"SPOC + 翻转课堂"教学模式，学生能够被分为各个学习小组，教师会在课堂教学活动中安排各种各样的学习任务，一旦在学习与训练过程中发生分神的情况，教师和同学都能很快发现，同时及时地进行引导，从而对其进行管理。因此，"SPOC + 翻转课堂"教学模式在高校足球教学中的实施，能够进一步优化课堂教学管理，让学生和教师都能将精力更加集中地置于学习活动中，有效提升学生的专注力，从而推动课堂教学活动的开展，构建更加科学合理的课堂教学组织形式，以满足每一个学生的学习需要，不断促进足球教学效果与教学质量的有效提高。

（二）高校足球教学中"SPOC + 翻转课堂"的实施意义

1. 促进学生掌握足球技能，提升其足球素养

在传统的课堂教学活动中，教师往往会为了追赶教学进度而忽略学生对知识技能的掌握程度，一些较为复杂的动作技巧也只能进行简单的示范，使得学生对动作的掌握不够精准。通过"SPOC + 翻转课堂"教学模式的实施，学生可以通过充分的课前预习对教学内容有基本的了解，从而减轻教师在课堂教学活动中的压力，使得教师可以在足球教学活动中将更多的精力放到对学生进行动作指导方面，不必过多地对动作原理等进行讲解，从而能大大提升高校足球教学的效果，帮助学生们更准确地掌握好足球知识。与此同时，通

过"SPOC + 翻转课堂"教学模式，学生还可以在课后针对没有熟练掌握的内容进行反复学习，通过自主解决学习问题的方式，帮助学生更好地掌握足球技能，提升其足球素养。

2. 有效贯彻因材施教原则

在高校足球教学中推行"SPOC + 翻转课堂"教学模式，能落实因材施教的教学原则，将科学的教育教学原则贯彻到高校足球教学当中，能有效提升足球的教学质量和足球的教学效果。"SPOC + 翻转课堂"教学模式在足球教学中的实施，不会受到场地与时间的限制，能将学生进行技巧练习的时间延长，因而教师就能更好地观察到学生在进行足球训练时所存在的问题，进而根据学生情况及时采取有针对性的措施，来帮助学生解决问题，同时还能为学生有针对性地安排教学活动。随着"SPOC + 翻转课堂"教学模式的实施，学生能够在高校足球教学中得到个性化的教育教学。

3. 积极构建新型高校师生关系

"SPOC + 翻转课堂"教学模式还能帮助构建新型的师生关系。在具体的教学活动中，"SPOC + 翻转课堂"教学在教学内容设计、教学视频设计以及教学管理平台等各个环节中，学生都一直处于主体地位，而教师则充当了教学指导的作用，对素质教育理念和教学要求进行了有效落实，重新构建了课堂教学活动中的师生关系。而在传统高校足球教学中，无论是课堂教学的内容还是课堂教学的环节，基本都是由教师完全把控，使得学生自主学习能力和主观能动性难以得到发挥，教学活动与学生的实际需求可能也并不匹配。通过"SPOC + 翻转课堂"教学模式在高校足球教学活动中的实施，教师只有完全按照学生的实际情况构建教学内容和教学环节，才能发挥出最好的教学效果，培养学生的各方面能力，激发学生的学习兴趣，同时促使学生积极主动地参与课堂教学活动，更重要的是教师还可以根据学生的兴趣开展极具个性化的教育教学活动，以有效提升学生的足球技能。

（三）"SPOC＋翻转课堂"教学模式的有效实施策略

1. 积极打造"SPOC＋翻转课堂"的足球网络教育平台

"SPOC＋翻转课堂"教学模式在高校足球教学中的有效实施，需要依照一定的教育教学规律与原则，才能将其教学效果发挥到极致，促使学生的足球学习能够通过知识传授、知识整合以及知识接收等多个过程，不断优化足球教学的形式，提升足球课堂教学效果。根据"SPOC＋翻转课堂"教学模式的特性，在高校足球教学中实施"SPOC＋翻转课堂"教学的过程当中，学校以及教师都要不断地努力来积极为学生打造与构建网络教学平台，对高校足球教学内容进行扩展，帮助补充学生的足球相关知识与技能。要根据高校足球教学总体框架来对"SPOC＋翻转课堂"教学模式进行有效的构建。与此同时，高校足球教学网络平台的构建，还可以将现代化的社交形式引入其中，促使学生在真正遇到课堂教学的一些问题时，能够及时地找到教师进行解决，进一步提升高校足球"SPOC＋翻转课堂"教学的实效性。

2. 努力构建高校足球"SPOC＋翻转课堂"教学框架

要想构建出高效的高校教学课程框架，必须参照高校教学发展的目标与基本特征。因此，在高校足球教学当中，在"SPOC＋翻转课堂"教学模式的总体框架构建过程中，教师首先要先明确好高校足球的教学目标，再针对各阶段、各层次目标达成要求，合理制定细化的课堂教学内容，促使学生能够掌握高校足球教学的基本内容，进而提升学生的综合素养，向着"终身足球"目标进行发展。

在具体的教学活动操作中，则要结合"SPOC + 翻转课堂"教学模式的原则要求，确保学生在课堂教学模式中的主体地位，充分发挥学生的自主学习能力，以学生为核心推动教学环节的有序开展，同时还要注重教师在这一过程中的引导作用发挥，这样才能有效调动起学生们参与足球课堂教学活动的兴趣与积极性。与此同时，在现代化足球教学手段和教学方法的发展背景下，高校足球"SPOC + 翻转课堂"教学框架还要积极引入高效科学的教学方式，将比赛教学、活动教学、分组教学、互联网教学等教学方法整合起来，构建高效的教学体系，充分凸显"SPOC + 翻转课堂"教学的优势，营造具有开放性的高校足球教学氛围，促使师生能够在"SPOC + 翻转课堂"教学活动中进行有效的互动与交流。最后，在高校足球教学内容的设置当中，要将足球基础知识、足球关联知识、足球运动技能等整合起来，形成完整的高校足球教学体系，根据高校足球专业学生的实际需要，构建起完整的"SPOC + 翻转课堂"教学结构框架。

3. 积极创设新的高校足球教学评价机制

在高校足球"SPOC + 翻转课堂"教学模式的应用过程里，教师还要积极创新"SPOC + 翻转课堂"教学评价机制，基于促进学生发展的需要，构建一种全新的课堂教学评价机制，促使学生能够得到更加客观全面的评价。通过科学的教学评价，能够让教师对学生学习情况进行更深层次的了解，教师可以参照教学评价数据，及时调整和修改高校足球教学内容和教学进度，以为学生提供更加具有针对性的与有效性的教育服务。首先，教师要对传统高校足球教学评价机制进行修改，转变以往以分数定乾坤的评价原则，从根本上对高校足球教学评价体系进行创新。其次，针对高校足球教学的特征，将实践能力，即对足球运动技术的评价与足球理论知识教学评价结合起来，注重高校足球专业人才发展的平衡性，促进其全面发展。最后，根据高校足球教学"SPOC + 翻转课堂"教学的特性，教师还要在教学评价机制中体现学生的自主性和教师的引导作用，引入学生自评、互评等内容，帮助学生更加客观全面地看待自身的足球学习，同时还要将一学期一到两次的教学评价方式转变为一学期多次的过程评价形式，及时对学生的足球学习状态进行掌握，从而推动高校足球教学的质量提升。

4. 通过职业培训，不断提升高校教师素养

高校足球"SPOC + 翻转课堂"教学模式的实施对教师的专业素养提出了要求，随着信息化教学在我国教育教学领域中的广泛应用，高校教师在开展"SPOC + 翻转课堂"教学活动时，要学会充分利用各类多媒体教学设备，来不断优化"SPOC + 翻转课堂"教学的形式与内容。这需要学校积极开展各类教师职业培训，提升教师的计算机操作能力，促使高校足球"SPOC + 翻转课堂"教学能够有序开展。在教学观念上，教师要树立起适当运用"SPOC + 翻转课堂"教学方法的意识，因为并不是所有的高校足球课堂教学内容都能和"SPOC + 翻转课堂"教学模式达到契合，因此教师要有原则地使用"SPOC + 翻转课堂"教学模式。在教学组织能力方面，高校足球"SPOC + 翻转课堂"教学模式对教师的课堂管理能力和组织能力要求也有所提升，培养和提升教师的课堂教学组织能力对于推动高校足球"SPOC + 翻转课堂"教学的有序开展具有现实意义。

综上所述，"SPOC + 翻转课堂"教学模式在高校足球教学中的实施，不仅能够提升教师与学生的课内外交流质量，促进高校师生关系的进一步融合，还能尊重学生在足球学习当中的主体地位，有效提高学生的自主学习能力和学习足球知识的兴趣。与此同时，通

过"SPOC+翻转课堂"教学在高校足球教学活动的开展，还可以转变传统课堂教学的形式，这也是对我国当前足球教学模式的不断创新与改革。根据当前我国足球事业与校园足球发展的需求，在"SPOC+翻转课堂"教学模式在高校足球教学具体的实施过程当中，还需要教师要积极参与网络技术使用与足球专业教育知识的学习等，通过不断努力来提升自身的教学专业素养，以充分发挥"SPOC+翻转课堂"教学模式在高校足球教学中的实施价值。学校方面也要多为教师提供一些外出学习进修的机会，进而才能有效推动高校足球教学质量的稳步提升。

第二节　高校排球教学翻转课堂模式

一、排球运动认知

排球运动是两队以中间球网为界，用手通过发球、传球、扣球、拦网等动作来组织进攻与防守的球类运动之一。

排球运动开始于1895年，在美国马萨诸塞州霍利约克城，一位名叫威廉·摩根（William Morgan）的天主教青年会体育教育督导创造了一种新游戏：在网球场上用篮球内胆进行比赛，双方人数不限但要相等，各据一方，将球胆在球网两边来回传托，使其在空中飞来飞去，这就是排球运动的雏形。最初的排球运动只是一种消遣活动，比赛人数的多少、球的大小、比分的多少都由比赛双方临时协商决定。很快这个游戏就在青年会中广泛地传播起来，最早被摩根和斯普林菲尔德市体育干事弗兰克·德博士及消防署署长林奇共同商定名为"小网"（Mitontte），1896 年第一次表演赛之后，改名为"排球"（Volleyball），这个名称一直被沿用至今。

二、排球翻转课堂教学模式构建研究

（一）大学排球课程传统教学模式与翻转课堂模式的对比分析

（1）大学排球课程传统教学模式。大学排球课程传统教学模式可以分为教师讲解—教师示范—学生练习—教师指导—课后作业五个部分，从整个教学环节来看，主要是教师教，学生被动地进行学习，整个教学过程中没有体现出学生的自主性，仅只是由教师主导的灌输式教学。

（2）大学排球课程翻转课堂模式。大学排球课程翻转课堂模式可以分为课前、课中及课后三个环节，其中，课前环节主要包括观看视频、课前学习、问题交流三个部分；课中环节主要包括明确问题、创造环境、独立探讨、合作学习、心得交流、反馈评价六个部分；课后环节则是进行评价、反思、拓展。从整个过程来看，学生在课前通过观看视频进行自主学习，对学习中存在的问题进行讨论和交流，将问题带到课堂上，通过教学情景的创设，采取小组合作学习的交流方式，对问题进行探讨，最终得出答案，教师给以点评。课后则是进行学习的反思以及技能的拓展训练。通过这样的方式使学生的主体地位得以凸显出来，整个过程由学生亲自进行学习探究，教师从旁加以指导，极大地提升了学生学习的自主性。

（二）大学排球选修课中翻转课堂教学模式的应用实践

以大学排球选修课程中的"发球"动作教学为例，引入翻转课堂教学模式。

1. 课前

该环节以教师对知识的传递及学生获取知识为主。

（1）教学资源的准备。翻转课堂课前资源准备工作较为繁重，教师需进行教学视频、教学过程、教学方法、学习任务以及课后评价表等方面的制作和设计，特别是教学视频是翻转课堂模式中最重要的部分，大多采用微视频的形式，也可以利用网络现有资源，这就需要教师具备较强的视频制作能力。另外，还需要对教学视频内容进行筛选，突出教学重难点的同时，需符合课程教学的规律。例如，在进行"排球上手发球"动作教学时，教师可以从网络上选择一些国际大赛的视频或图片，进行微视频的制作，主要以排球发球动作为主，并将排球发球过程中涉及的基本姿势、手型、抛球、发力部位及挥臂击球等知识点融入视频中，然后着重对挥臂击球、抛球两个重难点部分进行详细讲解，视频制作以生动形象、直观以及突出重难点为主，这样才能够激发学生自主学习的兴趣。

（2）学生进行自主学习。翻转课堂教学模式强调课前学生进行自主学习，然后完成知识传递的过程，因此，教师应在课前就布置相应的学习任务，并将学习任务同微视频一起上传到教学平台，便于学生课前明确学习内容，也可以通过学习任务来对学生课前的学习情况进行检查。例如，在制作"发球"动作教学的学习任务单时，可以设计两个任务：一是要求学生通过观看视频，对排球上手发球的动作要领以及重难点进行了解；二是要求学生对排球发球技术进行初步掌握，进行自我练习时发球成功率能够达到30%。此外，在自主学习过程中，若遇到问题可以通过学习平台与教师和学生进行线上交流。

2. 课中

该环节以教师的指导及学生对知识的内化为主。

（1）课程导入及问题答疑。可以采用提问、视频播放、小组竞赛及动作展示等多种方式进行教学内容的导入。例如，针对排球发球动作进行提问环节及小组展示环节的设计，利用小组展示环节，让学生能够发现问题，紧接着提出问题，让学生进行探讨，最后由教师来解答问题，同时导入新课内容，为学生讲解和示范正确的发球动作，以此达到强化学生学习效果的目的。

（2）任务布置及分组训练。在课程内容讲解、示范完毕后，便可以布置相应的课堂任务，让学生进入练习的环节。例如，采取分组训练的方法，4~6人一组，安排小组长，并对每一位队员进行角色的任命，同时设定具体的任务。可以将任务设置为在训练结束之后，组内每一位队员的发球成功率需在60%以上。整个过程中教师可从旁进行组织和指导，可以采取巡回指导的方式，对每组训练过程中存在的问题进行解决。此外，为避免学生因长时间练习同一内容而产生厌烦的心理，教师可以对该环节采取多种方法进行教学，如一对一互助训练、竞赛及游戏法等。

（3）展示成果及交流分享。在学生完成训练任务之后，便可以进入成果展示及交流分享的阶段。例如，安排各小组进行定位发球和任意发球两个项目的演示比赛，可以通过视频录制的方式将学生的演示动作录制下来，便于对学生评分，还可以设置相应的奖励。在课程结束之前，教师可以安排小组长收集整理训练中遇到的问题及获取的经验，进行分享交流，最后由教师对整个过程加以总结，并进行课后任务的布置。

3. 课后

该环节以教学评价及反思为主。教师可以利用课后评价及反馈对学生学习情况进行及时了解和掌握，找到学习中存在的问题，对课堂教学设计环节加以不断地改进。例如，为学生制作课堂学习情况评价及反馈表，分为教师填写及学生填写两个部分，并上传到学习平台上，教师填写部分主要是对学生课堂内容掌握情况进行评价，并给出相应的建议，同时将此部分列入期末考评学分内。学生填写的部分，主要是意见反馈，针对教师的课堂安排及设计进行评价，或者是对学习过程中遇到的问题进行反馈，以便教师对教学方法及安排加以改进。采用此种方式，通过师生之间的互评、交流达到对课堂知识的再次巩固。

第三节　高校篮球教学翻转课堂模式

一、篮球运动认知

篮球运动起源于美国，最初是美国马萨诸塞州斯普林菲尔德基督教青年会训练学校体育教师奈史密斯（Naismith）在体育馆内组织学生进行的游戏。

1936 年第 11 届奥运会，篮球被列为正式比赛项目。自 1992 年巴塞罗那奥运会开始，职业选手可以参加奥运会篮球比赛。奥运会的篮球比赛采用上、下半场各 20 分钟的赛制。如果打平，进行 5 分钟的加时赛。奥运会篮球比赛的三分线距离篮圈的垂直距离为 6.25 米。

中华人民共和国成立后，篮球运动在我国得到了蓬勃发展。我国的篮球运动形成了"积极、主动、快速、灵活、全面、准确"的发展方向，技术水平有了很大的提高。在现代篮球运动中，美国的篮球运动发展得最快，美国篮球职业联赛（NBA）代表了世界的最高水准。我国的篮球运动以中国篮球职业联赛（CBA）的水平最高，同时涌现出了姚明、易建联、巴特尔、刘玉栋等一批优秀的球员。而中国大学生篮球联赛（CUBA）则丰富了广大大学生的业余生活，为热爱篮球运动的学子提供了一个展现自我的舞台。

二、大学篮球翻转课堂教学模式的构建

教学模式是教学理论的具体化和教育实践经验的概括总结，是教育理论与教育实践之间的一座桥梁。体育教学模式是在某种体育教学思想和理论指导下建立起来的体育教学的程序，它包括相对稳定的教学过程结构和相应的教学方法体系，主要体现在体育教学单元和教学课的设计和实施上。大学篮球翻转课堂教学模式构建必须在体育教学模式的范畴内，结合翻转课堂的相关理论，针对当代大学生的实际情况和大学篮球教学情况构建。

（一）课前

教师要针对学生的实际情况和教材的特点，设置教学目标、准备教学资源，然后把准备好的教学资源传至在线网络教学平台，同时在学习平台上根据学生和教材的特点设置不同的情景，激发学生学习的主观能动性。学生通过手机或电脑等工具在网络学习平台上观看视频来学习篮球技术动作和相关理论知识，在观看过程中，对不清楚的示范动作可以进行暂停、后退和多次播放等操作，有利于学生更好地学习篮球技术动作。学生在课前的学习过程中，可以在观看篮球技术动作的示范视频后，进行相关练习，遇到不清楚的地

方，可以在讨论模块在线与同学或教师讨论，然后再练习。在每一次的课前学习后都要完成教师布置的任务，并把完成情况上传至学习平台，以便教师给出客观的评价和掌握学生的学习情况，为线下的课中针对性教学奠定基础。

（二）课中

教师首先对学生课前学习中存在的主要问题进行集中讲解示范，提出练习方法、练习要求和注意事项，并督促学生集中练习，解决课前反馈的问题。其次，教师组织学生练习并巡回指导，对个别学生的问题及时纠正，通过课中不断地大量练习，使学生有效地掌握本次课的教学内容，完成相应的教学目标。最后，教师对本次教学内容进行阶段性的测验，对较好掌握本次课教学内容的学生进行奖励并对掌握暂时不太理想的学生进行鼓励，建议同学之间以小组协作练习的形式相互鼓励、相互帮助和相互促进，加深同学之间的感情，激发学生的学习激情。学生在课中以练习为主，不清楚的地方请教教师或同学，按要求完成教师安排的练习任务，积极主动地掌握本次课的篮球技能。

（三）课后

教师和学生的主要任务都是总结和提高。教师要对本次教学情况进行小结，哪些方面做得好，哪些方面做得不好，为什么出现这些情况等都要记录在教案上，以促进以后教学资源准备更充分；同时，教师还要在线与学生保持交流，解答学生提出的问题，促进学生学以致用，在比赛中合理运用相关技术动作。学生也应该对课中掌握的情况进行总结，在课后积极主动练习相关篮球技术动作，并把掌握的篮球技术动作应用到篮球比赛中，增强学生学习篮球的兴趣，促进学生在课外积极主动地运用篮球运动锻炼身体。

三、大学篮球翻转课堂教学的应用策略

（一）积极转变师生教育观念

传统的教学模式已在师生心里根深蒂固，多年来早已经习惯了这种"填充式"的教育模式，让教育界接受翻转课堂教学模式必须从转变师生教育观念入手。师生是反转课堂的实施主体，其对翻转课堂教学模式的态度直接关系到这种新型教学模式改革成功与否。因此，师生应该转变教育观念，从内心接受和认同翻转课堂教学模式，在模式的实施过程中认真对待每一个环节，真实展现翻转课堂教学模式的效果，切实提升学生的体质健康水平。在翻转课堂教学模式下，教师的角色也发生了改变，他从篮球技能的传授者转变成教学的设计者和参与者，与学生的交流也是相互的，因此，教师应该转变观念，正确对待自己的角色。另外，师生要共同努力，创造成绩，寻求学校领导支持翻转课堂教学模式，为翻转课堂的实施给予政策和资金方面的保证。

（二）不断提升教师综合能力

教学改革对教师的要求较高，不仅需要教学改革的创新意识和勇气，而且更需要具备改革的各种素质。翻转课堂教学模式包括线上教学和线下教学两部分，要求教师必须掌握线上教学所需的各种信息技术，包括视频的录制和收集、体育教学资料的优化与整合、在线虚拟体育教学平台的建设与管理等技术。另外，教师也应该不断更新篮球知识，提高篮球技能，因为学生在网络学习平台上观看的篮球技术示范视频有可能是直接在网上收集的高水平运动员的示范视频，其动作规范、完成质量高，无形中给教师在课堂上的示范

增加了压力，学生也会把二者的动作示范进行比较，必将对教师的
权威性产生怀疑，对教师的组织指导和纠错产生不利的影响。

（三）努力引导学生主动学习

学生依然是翻转课堂教学模式的主体，一切教学活动都是围绕
学生制定的，学生是否积极主动学习将直接影响翻转课堂的教学效
果。翻转课堂教学模式对学生的自主学习能力要求较高，教师采取
干预措施、激发学生的学习兴趣是培养学生自主学习习惯。例如，
把登录网络学习平台的次数和时间、每节课测试结果与期末考试成
绩挂钩，作为评价学生学习效果的依据。另外，教师在教学过程中
要教会学生正确使用网络学习平台的方法，正确处理不同的学习情
景，奖励表现优秀的学生，增强学生的成就感和自豪感，激发自主
学习的热情。

翻转课堂是一种新理念、新方法、新模式，是教育教学形态对
信息化社会的适应性结果。大学篮球翻转课堂教学模式虽然能够避
免很多传统教学模式出现的问题，取得不错的教学效果，但该模式
应用于大学篮球教学也只是一种尝试研究，在具体的实施过程中肯
定会出现不同的问题，一线教师要正确面对问题，及时解决问题，
不断修正大学篮球翻转课堂教学模式，促进体育教学改革进程，从
而有效提高学生的体质健康。

第四节　高校羽毛球教学翻转课堂模式

一、羽毛球运动认知

羽毛球运动起源于英国。它是由印度的"浦那游戏"逐步演变

而成的。羽毛球的雏形出现于 19 世纪中叶。当时印度的浦那城里，有一种类似羽毛球的游戏开展得十分普遍，它用圆形硬纸板或以绒线编织成球形插上羽毛，练习者手持木拍，将球在空中轮流击出。这项游戏在英国驻印度军队里开展得尤其活跃。据考证，类似羽毛球活动的板羽球游戏在中国古代也早就有了。

现代羽毛球运动起源于 1873 年。在英国伯明顿镇，有一位鲍费特公爵，一天他在他的庄园里组织了一次游艺活动，由于天公不作美，户外活动只能改在室内进行。应邀来宾中有好几位是英国驻印度的退役军人他们建议进行"浦那游戏"。当时室内场地呈葫芦状他们在场地中间拉了一根绳子代替球网，每局比赛只能有两人参加，有一定的分数限制，大家打得非常热闹。于是羽毛球作为一种高雅的娱乐性活动迅速传遍英国，为了纪念此项运动的诞生地，伯明顿（Badminton）即成为羽毛球的英文名字而流传于世界。

1893 年，世界上最早的羽毛球协会英国羽毛球协会成立，并于 1899 年举办了全英羽毛球锦标赛。在 1948～1949 年举行的首届世界男子羽毛球团体锦标赛"汤姆斯杯"赛中，马来西亚队荣获冠军，从此开辟了亚洲人称雄国际羽坛的时代。在 1948～1979 年的 11 届"汤姆斯杯"赛中，印度尼西亚队夺得 7 次冠军，马来西亚队夺得 4 次冠军。20 世纪 60 年代前期，中国队后来居上，1963 年、1964 年打败世界冠军印度尼西亚队，1965 年又全胜北欧诸强，被誉为"无冕之王"（因当时我国未加入国际羽联，不能参加世界性锦标赛），直至 1981 年，我国才成为国际羽联的正式成员。

世界女子羽毛球团体锦标赛"尤伯杯"赛于 1956 年开始举行，前 3 届冠军均被美国队夺得。从 20 世纪 60 年代后期起，日本队和印度尼西亚队成为该项目的强队，多次获得该比赛项目的冠军、亚军。

1982 年，中国队首次参加全英羽毛球锦标赛，即获得了女子单打冠军、亚军和双打冠军。到了 20 世纪 80 年代后期，中国队、印度尼西亚队持续在女子羽毛球项目上保持领先水平，韩国女队迎头赶上，是近年来中国队、印度尼西亚队的主要对手。

1978 年 2 月，世界羽毛球联合会于中国香港成立。1981 年 5 月，国际羽毛球联合会和世界羽毛球联合会正式合并。

目前，国际羽联已拥有 100 多个会员。国际羽联管辖的世界性比赛有："汤姆斯杯"赛（世界男子羽毛球团体锦标赛）从 1948 年开始举办，每 3 年举办一次，1984 年起改为每两年举办一次；"尤伯杯"赛（世界女子羽毛球团体锦标赛）从 1956 年开始举办，每 3 年举办一次，1984 年起改为每两年举办一次；世界锦标赛（单项比赛）从 1977 年开始举办，1983 年以前每 3 年举办一次，1985 年起改为每两年举办一次，直至 2005 年止，2006 年起成为一年一次的赛事；全英羽毛球锦标赛（非正式传统单项比赛），早在 1899 年开始每年举办一次。

二、影响翻转课堂在羽毛球教学中应用的因素

（1）教师因素。教师是教学的主体，关于教学方式的选择，教师拥有绝对的话语权。尽管很多翻转课堂可以提高教学质量，但是受传统教育思想影响，我国很多教师对"学生自主学习"的观念并不认可，这点与翻转课堂的教学理念相违背，在羽毛球教学中，教师更加倾向于传统的教学方式。此外，2007 年起，翻转课堂在美国逐渐兴起，其教学理论以及教学观念并不成熟，尽管翻转课

堂的教育方式应用范围非常广泛，但是羽毛球教育具有很强的实践性。因此，很多教师对翻转课堂在羽毛球教学中的应用也持观望态度。

（2）学生因素。学生是知识接受群体，在课堂中学习计划的制定、课堂内容的安排、教学方法的选择都是以提高学生学习效率为目标。但是在长期传统思想教育的背景下，面对新的教育理念学生能否适应是翻转课堂教学的重点，翻转课堂主张将学习主动权交到学生手中，而我国学生则缺乏自主学习能力，也没有养成自主学习的习惯。此外，翻转课堂以学生为核心，学生拥有绝对的话语权，教师只是起到指导作用，在高中、大学阶段，由于学生身心发育相对成熟，能够维持课堂纪律，小学、中学的学生则缺乏自控力，如果将课堂主动权交给学生很容易造成课堂秩序的混乱。

（3）教学设备因素。随着教育改革的不断发展，信息化、多媒体化的翻转课堂教学方式逐渐应用到各个学科的教育中，翻转课堂是一种集音频、视频、PPT 等数据化信息为一身的综合性教学方式，翻转课堂教学方式让学生的学习氛围更加简洁明了，提高了教学效率。但是一些地方经济发展水平较低，而翻转课堂的开展必须需要多媒体化的教室，由于资金不足，很多高校多媒体建设不够完善。

三、翻转课堂在羽毛球教育中的应用策略分析

首先，强化师资力量建设。师资力量决定教学质量，因此强化师资力量建设是翻转课堂在羽毛球教育中应用的第一步，具体内容有以下两个方面。第一，改变教师教学观念。翻转课堂和其他教学方式存在很大差异，注重将教学的主动权交给学生，而很多教师对

这种教学理念并不认可。因此高校必须让教师树立现代化的教学观念，可以通过教学案例让教师认识到翻转课堂教学的优点。此外，学校还可以通过对部分班级进行试点，让教师认识到翻转教学理念与流程。第二，提高教师专业能力。翻转课堂的首要任务是创建并制作教学视频并将其发送到教学平台上，这对教师来说是一个电子科技能力的考验，要想将翻转课堂教学模式切实开展下去，关键是提高电子平台教学视频的效果。针对羽毛球教学而言，教师不仅要将羽毛球教学内容以分步讲解的形式演示出来，还应针对不同类型的学生进行分类讲解，例如，初级学员、中级学员、高级学员等。要想制作出完整立体化的电子平台教学视频不仅要具备丰富的教学经验，还应具备创新的思想、清晰的逻辑思维。

其次，注重学生课后时间的把握。翻转课堂最大的特点是将学习地点由固定课堂教学场地转移到了自由空间中，教学时间也由原来的固定教学时间转变为随机教学。这种教学方式的改变对于羽毛球教学来说难以把握，教师应尽量减少现场教学的频率，及时督促并把握学生的课后学习时间，为了切实利用好翻转教学模式，教师应有意识地每天进行公共平台的在线指导教学，并对学生提出的问题进行一一解答，做好解答记录，在下一次的现场教学中作为案例进行应用讲解，对及时在线学习的学生要给予现场示范及奖励，激发学生们利用翻转教学电子平台的兴趣。

再次，坚持以人为本。体育课程的开展离不开科学、合理的教学方法。良好的教学方法不仅可以帮助学生掌握运动技能，还能避免体育运动中不必要的损伤。具体可以从两点出发：一是实践与理论相结合。羽毛球教学中教师在注重实践的同时，还应该注重体育理论知识的教育，通过理论知识让学生理解体育教育的优点及其重要性，帮助学生树立正确的运动观念。二是坚持以人为本。学生身体素质存在一定的差异性，因此对每个学生在体育教育的内容与强度方面不能一概而论，不能采取强制性教育，让学生产生逆反心理，应该循序渐进地增加体育强度。

最后，注重学生创新意识的培养。翻转课堂利用了丰富的信息化资源，在羽毛球教学中，学生成为学习的主角，学生可以利用在线视频教学进行羽毛球运动中的各项技能学习，并与其他学生进行在线沟通与讨论，与教师进行在线学习效果反馈，这种场地外的羽毛球教学成为学生们提高学习兴趣，增强学习动力的助手，因此在场地内教学中，教师的讲授角色会渐渐退化，变成了学生们自主发挥、与教师探讨相关技术问题、与其他学生互通经验的形式，而在这种形式中学生们很难进行总结和创新，教师应及时对每个学生的学习情况进行总结，并通过在线教学与场地教学相结合，尽量发挥学生的主动性，在加强基本功学习的同时提高学生创新意识，切实达到翻转课堂的教学效果。

第六章　高校体育舞蹈教学及其翻转课堂模式构建

体育舞蹈也称国际标准交谊舞，是体育运动项目之一，是一种男女为伴的步行式双人舞的竞赛项目，分摩登舞和拉丁舞两个系列，十个舞种。摩登舞系列的舞种有华尔兹、维也纳华尔兹、探戈、狐步和快步，拉丁舞系列包括伦巴、恰恰恰、桑巴、牛仔和斗牛舞，每个舞种均有各自的舞曲、舞步及风格。本章内容包括体育舞蹈的发展历程、体育舞蹈的艺术特点与价值以及翻转课堂在体育舞蹈教学中的应用策略。

第一节　体育舞蹈的发展历程

体育舞蹈的前身是交际舞，起源于欧洲、拉丁美洲，经历圈舞、对舞、集体舞等民间舞蹈演变过程，成为流传广泛的社交舞蹈。1924 年，由英国皇家舞蹈教师协会发起，欧美舞蹈界人士在广泛研究传统宫廷舞、交谊舞和拉美国家的各式土风舞的基础上，对体育舞蹈进行了规范和美化加工，于 1925 年正式颁布了华尔兹

（慢三步）、探戈、狐步、快步等舞种的步伐，总称摩登舞。①

1950 年，由英国 ICBD（摩登舞国际理事会）主办了首届世界性的舞蹈大赛——黑池舞蹈节，并把规范后的舞蹈命名为"国际标准交谊舞"，我国简称"国标"。此后每年的五月底，在英国的黑池都举办一届世界性的大赛。

国际标准交谊舞通过比赛在世界各地不断推广，其自身也得到了发展。1960 年英国皇家舞蹈教师协会又整理了拉丁舞蹈，也将它纳入国际标准交谊舞范畴。这样就形成了具有统一舞步、两大系列、十个舞种的国际标准交谊舞。

体育舞蹈的发展离不开体育舞蹈组织的管理、组织以及推广工作。目前国际上存在两个国际体育舞蹈组织：世界舞蹈及体育舞蹈理事会和国际体育舞蹈联合会。

世界舞蹈及体育舞蹈理事会（world dance and dance sport council，WDDSC），1950 年 9 月 22 日在英国苏格兰的爱丁堡成立，现有 52 个会员协会，注册地为英国伦敦，主要管理职业体育舞蹈事务和比赛。

国际体育舞蹈联合会（international dance sport federation，IDSF），1935 年成立于布拉格，现有 79 个会员协会，注册地为瑞士洛桑，主要管理业余体育舞蹈事务和比赛。该组织于 1997 年获得国际奥委会的正式承认，并且成为唯一的代表体育舞蹈的国际组织。1992 年体育舞蹈被国际奥委会列为奥运会表演项目，2006 年我国国家体育总局把它列入全国体育大会比赛项目，2010 年广州亚运会体育舞蹈首次成为亚运会正式比赛项目。

---

① 黄书琴. 体育舞蹈专项力量训练的研究 [J]. 四川体育科学，2019，38（6）：79 - 82.

国际标准交谊舞于20世纪30年代传入中国，自1986年正式引进后，发展得十分迅速。1991年5月，中国体育舞蹈运动协会成立，2002年与中国业余舞蹈竞技协会联合，组建了中国体育舞蹈联合会，现在是世界舞蹈及体育舞蹈理事会（WDDSC）和国际体育舞蹈联合会（IDSF）的正式会员，至今举办了一系列的国内国际体育舞蹈大赛。

近年来，"国际标准交谊舞"已统称为"体育舞蹈"，舞姿舞步日趋规范严谨，与传统的交谊舞比较发生了根本变化，但是其源头仍然是交谊舞。

第二节　体育舞蹈的艺术特点与价值

一、体育舞蹈的艺术特点

体育舞蹈是由属于文艺范畴的舞蹈演变而来的体育项目，因此，它是兼有文艺和体育特点的边缘项目，是以竞赛为目的、具有自娱性和表演观赏性的竞技舞蹈，它具有以下三大特点。

第一，严格的规范性。规范性首先表现在体育舞蹈是一个完整的舞蹈系统，它是经过数百年历史的锤炼、几代人的加工而成的；其次表现在技术的规范性上，它严格到多一分嫌过，少一点欠火。

第二，表演观赏性。体育舞蹈融音乐、舞蹈、服装、风度、体态美于一体，既有观赏的价值又有参与的可能。

第三，体育性。一是竞技性，指比成绩，拿冠军，争得荣誉。二是锻炼价值，科研人员对体育舞蹈对人体生理和心理的作用研究显示：华尔兹最高平均心率为 142.8 次/分，探戈舞最高平均心率为 142.6 次/分，恰恰舞最高平均心率为 145.2 次/分，牛仔舞最高平均心率为 172.8 次/分。由此可见，体育舞蹈促进人体生理变化的作用是明显的，它是陶冶情操、锻炼体魄的一种极好形式。

二、体育舞蹈的价值分析

体育舞蹈运动是一项新兴的体育项目，是体育与舞蹈的结合，具有运动与艺术的双重性，因此体育舞蹈极富时代气息，具有健身价值、观赏价值和社会价值。

1. 体育舞蹈运动的健身价值

（1）健美体形，经常参加体育舞蹈锻炼，可以对人的形体进行"生物学"改造，使体形符合一定的健美标准；还可以减肥瘦身，保持健美的体形和良好的体态。（2）健身，长期进行体育舞蹈锻炼，能使人的心肌发达，有效提高心肺机能。（3）健心，经常参加体育舞蹈锻炼能调整身心，促进人际交往，消除情绪障碍，以获得心态平衡，保持乐观的心情，促进心理健康。

2. 体育舞蹈运动的观赏价值

体育舞蹈具有独特的艺术表演价值，体育舞蹈中表现出来的人体美、运动美、音乐美、服饰美、礼仪美等，给舞蹈者和观赏者以美的享受，提高人们的艺术修养和审美情趣。

3. 体育舞蹈运动的社会价值

体育舞蹈是人们交流思想、抒发情感、消除障碍、相互沟通的最好形式之一，还能把不同阶层、不同年龄、不同性别的人融合在一起。

第三节　翻转课堂在体育舞蹈教学中的应用策略

实践证明，翻转课堂教育模式应用于高校体育舞蹈教学具有激发学生学习舞蹈的动力、加强师生间沟通与交流的优势，在提高学生舞蹈技能以及创编能力方面具有优势。但是翻转课堂教学模式作为一种新兴的教学方法，仍存在着教学模式不成熟、教学资源缺乏的缺点，且在翻转课堂教学模式下，教师和学生的习惯和角色必须发生改变，对学生自主学习能力的要求较高。基于此，下面提出了四点发展策略。

一、注重学生自主学习能力的培养

翻转课堂教学模式下教师以引导为主，主要作用在于视频资料的制作，针对学生提出的问题进行讲解以及监督学生课前、课后的学习。在该模式中，学生是教学的主体，知识与技能的传授起源于学生对于视频资料的自学，知识的内化也在学生与学生间的相互交流中实现，所以学生自主学习能力是决定翻转课堂教学模式在高校体育舞蹈中的应用的关键因素之一。

培养学生自主能力主要有以下四条路径。第一，通过调节影响学生学习动机的因素，激发学生主动学习某项技能的意愿。英国教育学家齐莫曼认为学生的主观意愿和内在动因对是否接纳所学内容的影响非常大，主观意愿就像一把钥匙，可以打开人类接受新知识、新事物的大门。第二，要讲究教学的方式方法，在教学中教会学生学习的策略，这些策略包括如何有效认知、怎样筛选新事物中的有效信息等。第三，培养学生的批判性思维，形成反省思维，发展元认知能力。第四，要教会学生营造与利用有利于学习的物质环境及社会条件。

具体而言，在体育舞蹈教学中应该通过给学生观看世界顶尖舞蹈运动员的比赛录像等方式，激起学生的求知欲和好奇心，从而提升其学习体育舞蹈的兴趣。并在此基础上，传授给学生体育舞蹈课程、沟通技巧等，以及在学习舞蹈过程中如何通过"观察—模仿—记录—自我评价"的模式快速吸收知识技巧。同时，体育舞蹈的授课教师还应该采用一些必要的外部手段来保证翻转课堂教学模式的正常实施，例如将学生的线上学习时间与课程成绩相挂钩，依据学生的日常学习情况、任务完成情况、完成时效等方面对学生的平时成绩进行打分，并提高平时成绩在总成绩中的权重，督促学生按时完成课前学习任务。

二、提升体育教师的能力与素养，注重翻转课堂团队建设

教师的素质能力是翻转课堂教学模式在高校体育舞蹈课程中应用的重要影响因素。在翻转课堂教学模式实施于体育舞蹈教学中的每一个步骤中，教师都发挥了不可替代的作用。

课前，教师所制作视频的水平直接影响了学生对技巧的吸收，并且在收到学生反馈后教师是否能够正确回答学生提出的各种问题也决定了翻转课堂中反馈机制的有效性。同时，教师在课前也必须发挥监督作用，保证学生确实能够在规定时间内完成视频观看的教学任务。

课中，教师讲解的问题是否是被大部分学生所疑惑的典型问题，教师是否能够清晰地表达自身的意思与教师素质能力有关，影响着翻转课堂教学模式下体育舞蹈教学系统的运作。

课后，教师是否能真正做到基于课堂效果对教学组织形式反思，决定了翻转课堂教学模式是否能够成为良性循环。这些环节对体育舞蹈教师的信息技术应用能力、资源整合能力、沟通技巧、教学水平都提出了较高的要求。

因此，在实现从传统体育模式向翻转课堂教学模式转变的过程中，体育教师的工作量较于以前成倍增加，体育舞蹈教师难以依靠个人力量完成所有教学工作。基于此，必须要在高校建立翻转课堂的体育舞蹈教学团队，团队中的各个教师应做到分工明确、各司其职。例如精通电子信息技术和视频制作的教师，可以专门负责整合、制作教学资源。这一方面保证了翻转课堂教学模式下体育舞蹈课程的质量；另一方面增强了教师的协作能力，促进了教师间资源、信息、知识共享，有利于教师团队整体实力的提高。

三、不断完善普通高校信息化教学环境

在当今社会，电子信息化技术已经深刻影响了学生的学习与生活，通过手机、电脑等信息化终端搜索学习资料、观看教学视频已经成为学生们日常学习中的一部分。运用这些移动终端进行学习具有很多优势，学生可以不受时间、地点的限制，根据自己的需求选择合适自己的学习内容。而且在信息化高度发展的今天，学生更容易对高科技的新兴事物产生更为浓厚的兴趣，有利于创新学生的学习方式，提高学生的学习意愿。而翻转课堂在体育舞蹈项目上的实

施与应用，也要依靠电子信息技术。

在翻转课堂模式应用于高校体育教学的初级阶段，教师可以通过将自己制作的视频传到微信群等方式，来实现教师与学生间的教学资源共享。但是随着翻转课堂模式的广泛运用与快速发展，这种依靠第三方媒介来进行资源共享的模式已经难以满足需要，构建能够提供丰富教学资源的大型网络平台势在必行。但目前高校相关技术研发与经费投入不足，使得高校信息化教学环境仍然有待提升，信息化平台搭建困难已经成为制约翻转课堂教学模式发展的瓶颈。因此，必须通过加大相关投入，完善普通高校的信息化教学环境，为翻转课堂的开展提供坚实的物质保障。

四、努力避免翻转课堂的异化

翻转课堂在教学的理念、方法、体系构架等方面都与传统体育教学有本质的不同，其是一种创新性的教学模式，而不是对传统教学模式的改进。翻转课堂在体育舞蹈中的应用的关键在于发挥学生自主学习的能力。将学习、吸纳新舞蹈动作、技巧的时间放在课前，而在课上主要解决在课前学习中所发现问题，从而达到提高学习效率的目的。但值得注意的是，学习进度赶不上，学习任务难以完成是教学过程中展现的突出问题，这导致拥有较强自主学习能力的学生在舞蹈技能上的提升幅度要明显大于其他同学，从而导致了学生间水平差异大。因此要正确认识翻转课堂的价值和实施条件、实施方法等，以提高课堂实效为根本目的，结合体育学科的基本特征和学生的身心特点开展翻转课堂实践，切忌追求形式而忽视体育教学效果，从而避免翻转课堂的异化。

结　束　语

随着信息技术的快速发展，以微视频为主的翻转课堂悄然走进了大学课堂。翻转课堂是一种新的教学形式，它以微视频为主要教学工具，学生借助微视频进行课前自主学习，课上教师进行个性化指导，颠覆了传统教学的教学流程，体现了学生的主体性。这种新的教学形式与大学教育的人才培养目标相契合，对学校的体育教学改革也具有良好的推进作用，与传统教学形式相比，更符合当今时代下的学校教育教学改革的趋势。

参 考 文 献

［1］毕传新．中华民族传统体育文化的价值与传承［J］．芒种，2018（4）：123－124．

［2］曾霞．中华民族传统体育文化价值探究［J］．芒种，2017（10）：33－34．

［3］陈飞．新时代加强大学生体育的时代价值和实现路径［J］．学校党建与思想教育，2019（23）：46－48．

［4］陈建绩．体育教学新论［M］．天津：天津人民出版社，2002：331．

［5］邓小兰．高校体育教学与民族传统体育资源整合研究［J］．中国成人教育，2013（4）：51－53．

［6］高原．阳光体育运动背景下的高校体育社团发展研究［J］．职业，2017（35）：113．

［7］公黎斌．大学体育开展拓展训练课程教学的探索［J］．继续教育研究，2010（11）：108－109．

［8］龚正伟．体育教学论［M］．北京：北京体育大学出版社，2004：388．

［9］郝勤．体育史［M］．北京：人民体育出版社，2006．

［10］霍岩．在高校体育教学中引入拓展训练对大学生身体素

质及心理健康影响的实验研究 [J]. 科技资讯, 2019, 17 (34): 251, 253.

[11] 李江涛, 胡兴黎. 大学篮球翻转课堂教学模式构建与应用策略 [J]. 体育世界 (学术版), 2019 (3): 127, 131.

[12] 刘秉果. 中国古代体育简史 [M]. 上海: 上海古籍出版社, 2010.

[13] 刘二侠. 文化自信视域下少数民族传统体育的多元价值探析——评《民族传统体育文化导论》[J]. 林产工业, 2019, 56 (10): 67.

[14] 刘海军, 王锦. 基于"翻转课堂"的高校体育教学模式构建研究 [J]. 四川体育科学, 2015, 34 (5): 130 - 134.

[15] 刘梦佳. 翻转课堂在高校体育舞蹈教学中的应用研究 [J]. 四川体育科学, 2016, 35 (4): 123 - 126.

[16] 刘卫华. 微信公众平台在高校公共体育教学中应用研究 [J]. 四川体育科学, 2019, 38 (6): 124 - 127.

[17] 刘欣改, 张建伟, 张娜. 高校学生体育生活方式与健康中国研究 [J]. 当代教育实践与教学研究, 2020 (2): 219 - 220.

[18] 刘远航, 任作良. 民族传统体育文化的现代化价值 [J]. 武汉体育学院学报, 2006, 40 (4): 89 - 92.

[19] 卢强. 翻转课堂的冷思考: 实证与反思 [J]. 电化教育研究, 2013 (8): 91 - 97.

[20] 卢元镇. 中国体育文化纵横谈 [M]. 北京: 北京体育大学出版社, 2005.

[21] 毛彬. "翻转课堂"教学模式在高职院校体育教学中的实践研究 [D]. 长沙: 湖南科技大学, 2017: 21 - 22.

[22] 缪静敏. 高校翻转课堂：现状、成效与挑战——基于实践一线教师的调查 [J]. 开放教育研究，2015（5）：74-82.

[23] 丘大为. 翻转课堂教学模式在高校篮球教学中的应用研究 [J]. 运动精品，2019，38（5）：24-25.

[24] 孙微微. 浅谈排球运动的特点以及发展趋势 [J]. 当代体育科技，2019，9（32）：241-242.

[25] 田玉昕. 互联网+背景下高校体育教学中应用慕课+翻转课堂教学模式研究 [J]. 科技资讯，2019，17（34）：176-177.

[26] 王晶. 大学生体质健康状况分析及对策研究 [D]. 济南：泰山医学院，2012.

[27] 夏思永，唐建忠，王健，等. 民族传统体育文化传承与民族和谐社会建设关系研究 [M]. 重庆：西南师范大学出版社，2011.

[28] 肖刚. 教学策略的内涵及结构分析 [J]. 高等师范教育研究，2000.

[29] 许丽. 高校体育教学中翻转课堂教学模式应用研究 [J]. 高教学刊，2020（30）：99-102.

[30] 杨桂其，史传华，朱小军，顾燕冲. 大学生体育运动损伤的预防与处理 [J]. 体育世界（学术版），2018（11）：171，176.

[31] 张芹. 翻转课堂教学模式在高校体育舞蹈课堂中的运用 [J]. 牡丹江师范学院学报（自然科学版），2016（1）：76-77.

[32] 赵咏梅. 基于翻转课堂的高校体育教学模式改革 [J]. 佳木斯职业学院学报，2020，36（10）：143-144，147.

[33] 郑瑞强，卢宇. 高校翻转课堂教学模式优化设计与实践反思 [J]. 高校教育管理，2017（1）：97-103.

[34] 周美如，杨杰夫. 大学生体育 [M]. 杭州：浙江大学出

版社，2013．

　　［35］周骞，王栋，黄平．论"SPOC + 翻转课堂"教学模式在高校足球教学中的有效实施［J］．西部学刊，2019（24）：78 – 80．

　　［36］周浔闽．翻转课堂模式在高校舞蹈教学中的应用［J］．艺术评鉴，2020（10）：129 – 130，145．

　　［37］朱晓亚．翻转课堂教学在高校篮球课堂中的应用［J］．当代体育科技，2016，6（5）：38 – 39．